Mi bebé y yo

Una guía para el embarazo y el cuidado de tu recién nacido

Cuarta edición, 2007

Escrito por Deborah D. Stewart

Ilustrado por Christine Thomas

Publicado por Bull Publishing Company

Bull Publishing Company
P.O. Box 1377
Boulder, CO 80306
Teléfono: 800-676-2855
www.bullpub.com

El material en esta publicación es para información general solamente y no tiene la intención de proveer consejo o recomendaciones médicas específicas para cualquier individuo. El lector debe consultar a su médico u otro profesional de la salud para obtener asesoría con respecto a su situación individual.

Library of Congress Catalog-in-Publication Data

Stewart, Deborah D.
  (Baby & me. Spanish)
  Mi bebé y yo : guía para el embarazo y el cuidado de tu recién nacido / escrito por Deborah D. Stewart ; ilustrado por Christine Thomas. — 4th ed.
    p. cm.
  Includes index.
  ISBN 978-1-933503-11-0
  1. Pregnancy—Popular works. 2. Childbirth—Popular works. I. Title.

  RG525.S69318 2007
  618.2—dc22

                                                          2007028760

A mi nieto,
Stewart James McCleary,
Quien acaba de cumplir tres años e
ilumina mi vida, todos los días

Quiero agradecer a todos aquellos quienes me ayudaron a hacer esta edición lo mejor que pueda ser, especialmente Mike Gold, quien fue mi persona de apoyo constante a través de un trabajo de parto y parto prolongados.

Los revisores de la nueva edición quienes hicieron muchas sugerencias útiles: Linda S. Ungerleider, RN, MSN, coautora de mi libro de cuidado infantil, El Mejor Comienzo; Ellen Mann, CNM, Portland, OR; Mark Hathaway, MD, Washington Hospital Center, Washington, DC; Jeanette Zaichkin, RNC, MN, Olympia, WA; y Barbara Leese, Pórtland, OR, nueva madre de dos.

Muchas gracias a los educadores de parto en Seattle quienes abrieron sus clases para mi: Carol Kauppila y Christine Wallace, Northwest Hospital; y Penny Swanson, Educación de Parto, Swedish Medical Ctr./Ballard.

También aprecié y tomé a pecho los comentarios útiles acerca de la edición anterior hechos por Chris Ann Carion, RN, MSN, Gateway Health Plan, Pittsburgh, PA; Nancy Hunger, MVP Health Care, Schenectady, NY; Laura Richter, Womens' Gynecology and Childbirth Associates, Rochester, NY; y Deborah Oldakowski, MCH Education Coordinator, St. Luke's Hospital, Cedar Rapids, IA.

Un mensaje para ti de parte mía

Yo sé cuánto pueden afectar a un niño los hábitos de salud de los padres. Mi bebé—quien ahora es una fuerte mujer joven—fue un pequeñísimo infante prematuro hace 36 años. Mi esposo, nuestras familias y yo todos nos preocupamos durante su larga estadía en el hospital. Temíamos que ella podría tener problemas permanentes de salud. Si hubiese sabido muchas de las cosas que sé ahora, ella quizás no hubiese nacido tan temprano.

Escribí este libro para ayudarte a mantenerte saludable durante el embarazo y a mantener saludable a tu recién nacido. Mientras más puedas hacer para evitar los problemas de salud mejor, será para ti y tu bebé. El libro te dará información básica acerca del embarazo, el parto y el cuidado de tu nuevo bebé. También te ayudará a encontrar más información cuando la necesites.

Espero que disfrutes este tiempo especial en tu vida. Tu cuerpo está haciendo un trabajo maravilloso. Él tiene el poder de hacer crecer y proteger la vida nueva. Guarda este libro para recordar este tiempo después que tu bebé crezca. Hallarás lugares para tomar notas de las cosas especiales que vives durante el embarazo y después del nacimiento de tu bebé.

La buena salud es uno de los mejores regalos que un padre puede darle a un hijo. *Mi bebé y yo* debería animarte a hacer todo lo que puedas por tu niño. El cuidarte a ti misma y a tu bebé es una tarea grande. Te mereces bastante ayuda para hacerlo más fácil.

¡Mis mejores deseos para ti y tu bebé!

Deborah Davis Stewart

Seattle, Washington

Abril 2006

Tabla de Contenidos

Cómo usar este libro

Si ya estás embarazada o estás planeando tener un bebé pronto...

El cuidarte ahora es lo más importante que puedes hacer para tener un bebé feliz y saludable. Este libro puede ayudarte a lograrlo. Ahora es un buen momento para tomar una mirada rápida al libro completo. Mantenlo donde puedas encontrarlo fácilmente. Espero que lo uses frecuentemente.

Padres y otros

Este libro es para y acerca de los padres y parejas, y hasta los abuelos. Éste les puede ayudar a entender qué está sucediendo contigo. Espero que lo compartas con ellos.

Un libro para escribir en él

¡Éste es un libro en el cual puedes escribir tanto como quieras! Mantén notas acerca de cómo te sientes y de las preguntas que quieres acordarte preguntar en tu próximo examen médico. Anota las cosas especiales que quieres recordar, como cuando sentiste la primera patada de tu bebé o cuando escuchaste sus latidos, en las páginas de registro. Disfrutarás volver a ver estas páginas y recordar estos momentos especiales. Las páginas de registro están en los Capítulos 9 y 10 y al final del libro.

Hábitos de salud familiares o tradicionales

Los consejos de salud en este libro pueden ser diferentes de lo que tu familia o tus antecedentes han hecho en el pasado. Por ejemplo, en algunas culturas, ciertos alimentos no se comen durante el embarazo. En otras, el padre del bebé generalmente no toma parte en el parto.

Hay muchas maneras de llegar a la buena salud. Las ideas en este libro te darán a ti y a tu bebé una buena oportunidad para un comienzo saludable. **Si deseas hacer**

las cosas de modo diferente, discútelo con tu médico, enfermera o enfermera partera.

Palabras especiales

Debido a que algunos bebés son niñas y otros son niños, yo intercambio el uso de "él" y "ella" para significar cualquier bebé. De la misma manera, puedo usar "ella" o "él" para referirme a un médico, enfermera o enfermera partera.

Puede que escuches las palabras "proveedor de cuidado médico" o "proveedor" usadas en la clínica o por tu plan médico para referirse a los doctores o enfermeras parteras. También he usado esas palabras en algunos lugares.

He tratado de utilizar tan pocas palabras médicas como fue posible. Puede que necesites aprender las que leas aquí porque tu médico o enfermera partera probablemente las usarán. Hallarás el significado de ellas en la página donde aparecen por primera vez o en el glosario al final del libro. Cuando veas una palabra marcada de esta manera (*), su significado está en el borde de la página.

> ***Por favor nota:*** *Este libro no debería ser la única guía que uses para cuidarte a ti misma y a tu niño por nacer. Tu médico o enfermera partera y otros profesionales de la salud están entrenados para ayudarte a cuidarte a ti misma. Por favor consulta con aquellas personas que conocen tus necesidades especiales.*

Capítulo 1

Prepárate para el embarazo

Prepárate para el embarazo

¿Estás teniendo relaciones sexuales?

¿Estás considerando tener un bebé?

¿Crees que puedes estar embarazada?

Nunca es muy temprano para hacer tu cuerpo un hogar saludable para un bebé futuro.

Antes de quedar embarazada es el mejor momento para asegurarte que tu cuerpo está listo. Pero las mujeres frecuentemente quedan embarazadas cuando no lo esperan. Si ya estás embarazada, comienza a cuidarte a ti misma de inmediato. De esta manera, tu bebé por nacer tendrá un lugar seguro donde crecer.

> ## Este capítulo incluye:
> **Salud antes del embarazo,** página 2
> - Tu historial de salud
> - Hábitos saludable
>
> **Señales de un embarazo,** página 6
> - ¿Cómo obtener una prueba de embarazo?

Toda mujer quiere tener un bebé saludable. La mayoría de los bebés nacen saludables pero algunos sufren problemas de salud. Algunos problemas pueden prevenirse con lo que hagas ahora. Muchos otros pueden hacerse menos serios.

A nadie le gusta pensar acerca de los problemas. Sin embargo, nadie quiere enterarse demasiado tarde de que había algo que hubiese podido hacer para prevenir un problema. Prevenir un problema es mejor y más fácil que intentar corregirlo más tarde.

Comienza bien antes del embarazo

Si es posible, planea quedar embarazada cuando estás listas para cuidar de un bebé. Tú y tu niño ambos tendrán una vida mejor si estas saludable. También es muy importante tener el apoyo cariñoso de una pareja, tu familia y tus amigos..

Algunos problemas comienzan en los primeros días luego del comienzo del embarazo, antes de que la mujer sepa que está embarazada. Otros ocurren a medida que el bebé crece. El embarazo también puede afectar la condición de salud de la mujer, tal como diabetes o hipertensión (alta presión sanguínea).

Cualquiera que sea tu situación, tú puedes preparar tu cuerpo para que esté listo para ser un hogar saludable para un niño por nacer.

¿Cuán saludable estás?

Tus hábitos, tu salud y el historial de salud de tu familia pueden afectar a tu bebé. Los siguientes puntos podrían darte problemas durante el embarazo o causar que tu bebé nazca muy temprano. El saber de ellos ahora significa que puedes hacer todo lo posible para mantenerte a ti y a tu bebé saludable.

Marca cualquiera de los siguientes puntos que son ciertos para ti.

Estilo de vida:

____ Raras veces como frutas o vegetales tres veces al día.

____ Hago dietas frecuentemente o creo que estoy muy gorda o muy delgada.

____ Fumo cigarrillos.

____ Bebo más de una copa de cerveza, vino, refresco de vino o licor fuerte cada semana

_____ Soy menor de 18 años o mayor de 34.

_____ Tomo medicamentos frecuentemente.

_____ He usado drogas ilícitas.

_____ Trabajo con rayos X, químicos peligrosos o con plomo.

Historial de salud:

_____ Padezco de diabetes, convulsiones o hipertensión.

_____ Tengo o he tenido una enfermedad de transmisión sexual
(venérea), tal como herpes, clamidia, gonorrea, sífilis o
VIH/SIDA.

_____ He tenido problemas durante un embarazo o he tenido
un bebé que pesó menos de 5 1/2 libras (2 1/2 kilos) al
nacer.

_____ He tenido un aborto espontáneo (perdí un embarazo).

_____ Alguien en mi familia ha tenido defectos congénitos
serios o problemas durante el embarazo.

_____ Alguien en mi familia ha tenido una enfermedad que se
transmite de los padres al niño, tales como la fibrosis
cística, hemofilia, enfermedad de células falciformes o
la enfermedad de Tay-Sachs.

Infórmale a tu proveedor de cuidado médico acerca de
todos los puntos que has marcado. Aprende acerca de cómo
estos afectan a tu bebé. Puedes hacer algo para detener o
corregir la mayoría de ellos. **¡Lo que tú hagas puede
hacer una gran diferencia para tu bebé!**

Hábitos saludables antes del embarazo

Muchos embarazos son una sorpresa. Si estás teniendo
relaciones sexuales, podrías quedar embarazada. No sabrás
si estás embarazada inmediatamente.

Partes importantes del cuerpo de tu bebé comienzan a
crecer en los primeros días después de la concepción.
Cualquier cosa que le haga daño en este momento al pequeño
embrión en tu útero podría causar daños serios antes que
sepas que estas embarazada. Es por esto que es tan importante
hacer a tu cuerpo saludable antes de quedar embarazada.

"Es sorprendente…No tenía idea de cuán rápido comienza a desarrollarse un bebé. Nadie me dijo cuán cuidadosa debería ser antes de quedar embarazada."

Pasos a tomar ahora:

- **Toma una vitamina con ácido fólico diariamente.** Cada mujer necesita recibir suficiente ácido fólico para prevenir defectos congénitos. (Ve la página 5.)

- **Pregúntale a tu doctor acerca de los efectos que cualquier medicamento recetado que estás tomando** podría tener sobre tu embarazo.

- **Deja de usar alcohol, tabaco o cualquier droga ilícita.** Cada vez que fumas, bebes alcohol o usas drogas ilícitas, tu bebé recibe una dosis también. Si tienes dificultad en dejarlas, pide ayuda. ¡Tú puedes dejarlo!

- **Come alimentos saludables.** Tu cuerpo necesita bastante leche, frutas, vegetales, granos enteros y agua. Éste es un buen momento para aprender acerca de los hábitos alimenticios saludables. (Ve el Capítulo 4.)

- **Controla cualquier problema de salud.** Las condiciones como la diabetes y la hipertensión podrían afectar el embarazo. Recibe cuidado médico pronto.

- **Lleva tu peso a un nivel saludable.** Si estás muy delgada, tu bebé podría nacer prematuramente. Si estas muy sobrepeso, la salud de tu bebé y la tuya podrían estar en peligro. Un dietista podría ayudarte.

- **Habla con tu pareja** sobre tus sentimientos acerca de tener un bebé. Asegúrate que tienes su apoyo antes de quedar embarazada.

- **Aprende acerca del embarazo.** Lee este libro y otros. Haz preguntas acerca de las cosas que no entiendes.

Ve los Capítulos 2, 3 y 4 para más detalles sobre como vivir una vida saludable.

Comparte estos pasos con tu pareja o esposo. También compártelos con tus amigas para que ellas estén saludables antes de quedar embarazadas. También asegúrate que ellas conocen y utilizan algún tipo de contracepción si no están listas para tener un bebé.

Proteger el cuerpo frágil de tu bebé

El cerebro y la médula espinal* son las partes más importantes del sistema nervioso de cada persona. Éstos controlan cómo tú piensas y cómo te mueves. La médula espinal y el cerebro comienzan a crecer en las primeras semanas de vida. Es fácil hacerle daño sin tener la intención de hacerlo.

Tú puedes ayudar a prevenir los problemas cerebrales y de la medula espinal. Haz estas cosas antes de quedar embarazada o tan pronto creas que estás embarazada.

Evita el alcohol, los cigarrillos y otras drogas

La cerveza, el vino y el licor fuerte afectan el crecimiento del cerebro de un bebé. El efecto del alcohol en el cerebro de un bebé por nacer es la causa principal de retardación mental. Aún una sola bebida alcohólica puede causar daño—nadie sabe cuánto es seguro. Puedes prevenir este daño no tomando bebidas alcohólicas..

El uso de cigarrillos retrasa el crecimiento del bebé por nacer y puede llevar a un parto prematuro*. Otras drogas también pueden causar adicción, parto prematuro o problemas mentales. ¡El proteger a tu bebé es una buena razón para dejarlos! (Ve las páginas 42 a la 46.)

Obtén suficiente ácido fólico diariamente

El ácido fólico es una vitamina B que es importante para la salud de todos. El mismo ayuda a prevenir defectos muy serios del cerebro y de la médula espinal en los bebés. Habla con tu médico si no estás segura si deberías tomar ácido fólico

Algunos de estos defectos ocurren en los días más tempranos del embarazo, antes que las mujeres se enteran que están embarazadas. Cada niña adolescente y cada mujer que podría quedar embarazada debería ingerir al menos 0.4 miligramos (400 mcg) de ácido fólico al día.

El tomar una multivitamina con ácido fólico todos los días es la manera más fácil de recibir suficiente ácido fólico. Tú puedes obtener parte de esta vitamina de los alimentos, pero tendrías que comer grandes cantidades para recibir suficiente. Algunos alimentos que tienen mucho ácido fólico incluyen los vegetales de hoja verde, el brécol, el jugo de naranja, el pan, la pasta, los cereales, los frijoles y el hígado. Busca en la etiqueta de las vitaminas por folato que es lo mismo que ácido fólico.

*Médula espinal: El nervio principal que lleva los mensajes de sentimiento y movimiento entre tu cerebro y el cuerpo. Se encuentra en tu espalda dentro de la columna vertebral. the spine.

* Parto prematuro: Parto temprano, antes de las 37 semanas. El infante prematuro generalmente es pequeño y puede necesitar ser hospitalizado después del nacimiento. Muchos bebés nacidos muy temprano tienen otros problemas de salud.

Si no te gusta tomar vitaminas o si son muy caras, piensa en cuán importante es para el bebé el tener un cerebro saludable. Y pregúntate si siempre comes bien. Una opción es tomar píldoras de ácido fólico. Éstas son más pequeñas y más baratas que las multivitaminas.

Comunícale a tus amigas cuán importante es el ácido fólico para sus niños futuros. Déjales saber que necesitan tomarlo antes de quedar embarazadas.

Si has tenido un bebé con espina bífida* o anencefalía*, discútelo con tu proveedor de cuidado médico. Él o ella puede aconsejarte que tomes más ácido fólico antes de quedar embarazada nuevamente.

*Spina bifida: Un defecto muy serio de la médula espinal. Frecuentemente previene que la persona camine.

*Anencefalía: Un defecto en el cual el cerebro no se desarrolla

*Ciclo: El número de días entre el comienzo de un periodo menstrual y el comienzo del próximo. Generalmente es entre 25 y 32 días para la mayoría de las mujeres.

Mantén un registro para tus periodos

Es una buena idea mantener un registro de tus periodos menstruales (flujo mensual) antes de quedar embarazada. Escribe la fecha cuando comienza tu periodo cada mes en la tabla en la siguiente página. También cuenta y escribe el número de días en tu ciclo*. El conocer cuándo comenzó tu último periodo te ayudará a saber cuándo esperar el próximo. Esto te dirá si el próximo periodo está tarde. También te ayudará a determinar cuándo darás a luz.

Tu médico o enfermera partera necesitará saber la fecha en que comenzó tu último periodo. Si no sabes, él o ella puede usar otros métodos para conocer la edad de tu bebé por nacer. Esto te dirá cuándo tu bebé probablemente nacerá.

¿Cómo sé si estoy embarazada?

Algunas de las señales de embarazo:

- Falta del periodo menstrual
- Cansancio
- Senos delicados e hinchados
- Malestar estomacal

Si tienes dos o tres de estas señales, podrías estar embarazada. Hazte una prueba de embarazo si tu periodo está al menos una semana o dos tarde. **Durante estas primeras semanas cuídate como si estuvieses embarazada.**

Tabla de periodo

(Anota las fechas aquí)

1. Fecha que el periodo comenzó _____

   Mes, fecha

2. Próximo periodo comenzó _____

   Mes, fecha

   Duración de este ciclo (número de días desde que comenzó tu último periodo) _____

3. Próximo periodo comenzó _____

   Mes, fecha

   Duración de este ciclo _____

4. Próximo periodo comenzó _____

   Mes, fecha

   Duración de este ciclo _____

5. Próximo periodo comenzó _____

   Mes, fecha

   Duración de este ciclo _____

Una prueba de embarazo positiva muestra que estás embarazada. Si tienes una prueba positiva, es tiempo de obtener un examen físico. Haz una cita inmediatamente con tu doctor, enfermera partera o clínica.

¿Cómo obtengo una prueba de embarazo?

Puedes comprar una prueba de embarazo casera en una farmacia o ir a tu médico o clínica. Algunas clínicas, tal como Planificación Familiar (Planned Parenthood), pueden ofrecer pruebas de embarazo gratis.

Las pruebas de embarazo caseras pueden hacerse tan pronto tu periodo menstrual esté tarde.

Si la prueba de embarazo casera muestra que no estás embarazada, espera una semana o dos. Si tu periodo no llega, hazte una segunda prueba. Luego visita a tu proveedor de cuidado médico para averiguar por qué tu periodo está tarde. Si no estás embarazada, esto podría ser una señal de otros problemas de salud.

¿Ahora qué?

Si no estás embarazada, haz aprendido a estar en forma para el embarazo. Si lo estás, estás lista para tener una experiencia asombrosa en tu vida.

Capítulo 2

Estás embarazada— ¿Y ahora qué?

Éste es un tiempo en que te puedes sentir emocionada y asustada a la vez. La mayoría de las mujeres tienen sentimientos mixtos—y éstas tienen muchas preguntas.

¿Cómo cambiará mi vida un bebé?

¿Mi bebé será saludable?

¿Cómo será el parto?

¿Sabré cómo ser una buena madre?

No vas a saber las respuestas a todas estas preguntas inmediatamente. Lo que puedes hacer ahora es comenzar a vivir tu vida de manera saludable.

Continúa leyendo. Los Capítulos 3 al 6 te ayudarán a comenzar. Los Capítulos 7 al 9 te dirán más acerca de los nueve meses de embarazo. Mira hacia atrás al final de la Introducción donde hallarás una página de recuerdos. Aquí

Este capítulo incluye:

Primeras semanas de embarazo, página 10
- Qué le ocurre a tu cuerpo
- Cuándo nacerá tu bebé

Primeros pasos importantes, página 12
- Obtener cuidado médico inmediatamente
- Cosas prácticas en qué pensar

El rol del padre o de la pareja en el embarazo, página 14

---

anotar recuerdos especiales de este tiempo. En el Capítulo 16 al final del libro, encontrarás ideas acerca de lugares donde puedes obtener ayuda en tu comunidad y otras maneras de obtener más información.

¡Cada bebé es especial!

Si éste será tu primer bebé, estás comenzando una nueva aventura—maternidad. Si tienes otros niños, entonces ya sabes que cada bebé es único y que cada embarazo es diferente.

Puede que vayas a tener gemelos o incluso más de dos bebés. En este libro hablaremos mayormente acerca de un solo bebé, porque éste es el caso más común.

¿Qué me está sucediendo?

Tu cuerpo está comenzando a cambiar en muchas maneras. Puede que tu vientre no comience a verse más grande por otro mes o dos. Sin embargo, probablemente comiences a sentirte diferente inmediatamente.

Señales normales del embarazo:

- Tus periodos menstruales se han detenido. ¡Ya tienes alrededor de dos semanas de embarazo cuando te falta.
- Tus senos pueden hincharse y sentirse.
- Puedes sentirte más cansada de lo normal.
- Puede que necesites orinar con más frecuencia .
- Puedes tener malestar estomacal o puede que tengas que vomitar.
- Puedes perder un poco de peso.
- Tu estado de ánimo puede cambiar rápidamente. Puede que tengas ganas de llorar un minuto y estar muy contenta el siguiente.

¿Cómo te sientes acerca del tener un bebé?

✔ *Marca todo lo que sientas, o escribe lo que piensas:*

_____ Es maravilloso.

_____ Se siente raro.

_____ No lo puedo creer.

_____ No me siento lista para tener un bebé.

Tengo un poco de miedo de _____

_____

_____

Estoy preocupada de _____

_____

_____

¿Cuándo nacerá mi bebé?

Un bebé tarda alrededor de 40 semanas para crecer después de la fecha de tu último periodo. Tu "fecha estimada de parto" es cuando es más probable que tu bebé nazca. A continuación verás cómo hallar tu fecha estimada de parto.

Anota la fecha en que comenzó tu último periodo menstrual.

1. Comienzo de tu último periodo _____ _____

    Mes *día*

2. Suma 7 días: + 7 días

3. Suma 9 meses: + 9 meses

4. **La fecha de estimada de parto de tu bebé:** _____

_____

Mes *día*

Puede que no sepas exactamente cuándo comenzó tu último periodo. Tu médico o tu enfermera practicante puede decirte la fecha de alumbramiento de tu bebé a través de:

- El tamaño de tu útero,*

- Los resultados de un examen de ultrasonido,*

- La fecha en que se escuchan los latidos del corazón de tu bebé por primera vez,

- La fecha en que lo sientes moverse por primera vez.

La mayoría de los bebés llegan dos semanas antes o dos semanas después de sus fechas estimadas de parto. Prepárate unas semanas antes de tu fecha, en caso que tu bebé llegue temprano.

*Útero: La parte del cuerpo de la mujer donde crece el bebé por nacer.

*Ultrasonido: Una manera de ver dentro del útero moviendo un dispositivo manual sobre tu vientre. El examen utiliza ondas de sonido para crear una imagen de tu feto en un monitor de televisión.

*Prenatal
Antes del nacimiento.

*Aborto espontáneo: La pérdida de un embrión o un feto antes de las 20 semanas, demasiado temprano para que un bebé sobreviva fuera del útero.

Recibe cuidado inmediatamente

Deberías ir a un médico, a una enfermera practicante o a una clínica inmediatamente para que puedas recibir la mejor orientación para tus necesidades. Aún si estás sorprendida de estar embarazada o no estás completamente lista para ello, no te demores. Lee el Capítulo 5 para ver cómo encontrar un proveedor de cuidado médico y para aprender cómo será tu primer examen médico prenatal.*

Aborto espontáneo

Es importante saber que muchos embarazos tempranos terminan naturalmente con un aborto espontáneo.* Éste podría ser tu caso si te enteraste de tu embarazo muy temprano. Quizás desees esperar hasta llegar a tu tercer o cuarto mes antes de decirles a muchas personas que estás embarazada.

Cuando ocurre un aborto espontáneo en las primeras semanas, generalmente es como un flujo menstrual muy profuso. Si comienzas a tener sangrado liviano (manchado) o un flujo profuso, dolor de espalda o calambres severos, llama a tu médico o enfermera practicante inmediatamente. (Para más detalles, ve el final del Capítulo 7.)

Un aborto espontáneo temprano generalmente ocurre cuando hay algo mal con el embrión o el feto o con la salud de la madre. Estos abortos generalmente no pueden detenerse. Probablemente te sentirás muy decepcionada. Acuérdate que la mayoría de las mujeres que abortan espontáneamente no tienen ningún problema en tener un embarazo saludable más adelante.

Cosas a considerar

Pagar por el cuidado médico

Infórmate acerca de cómo se pagará tu cuidado médico prenatal y el parto. Discute esto con tu asegurador, la oficina de beneficios de empleados o la clínica. ¿Cuánto será cubierto? ¿Qué tienes que pagar por tu cuenta? ¿Qué decisiones tendrás que tomar acerca del cuidado? (Ve el Capítulo 5.)

Si eres una mujer soltera

No tienes que atravesar sola este tiempo. Los buenos amigos y los familiares pueden ser apoyo maravilloso durante el embarazo y el nacimiento. Busca a una o dos personas que escucharán tus sentimientos. Toma el tiempo para escoger una pareja de parto que estará contigo mientras nace tu bebé.

Si eres una adolescente

En este momento estarás enfrentando grandes cambios en tu vida. Tendrás que tomar decisiones serias y hacer planes nuevos. Puede que se te haga difícil saber qué es lo mejor. Muchas adolescentes embarazadas enfrentan dificultades con la salud, el dinero y con continuar su educación.

Es importante hacerse una prueba de embarazo temprana y comenzar el cuidado prenatal inmediatamente. Necesitarás saber a dónde irás para tu cuidado médico. Habla con alguien en quien confías con tus sentimientos. Puedes hablar con:

- Tus padres
- Una enfermera o consejero(a) en la escuela
- Tu médico, enfermera o clínica comunitaria
- Alguien en quien confias en tu lugar de culto

Si eres mayor de 35 años de edad

Hay un riesgo mayor de que las mujeres mayores puedan tener problemas de salud, comparadas con las mujeres jóvenes. También, el bebé puede tener mayor riesgo de defectos congénitos. Asegúrate de hablar con tu médico o enfermera practicante acerca de estos riesgos.

Si no estás segura si estás lista para ser madre

Habla con tu médico, enfermera o trabajadora social acerca de las opciones que tienes. Cualquiera que escojas, asegúrate de cuidar bien de tu salud ahora.

Para padres y parejas

¡Éste es tu embarazo también!

Como un futuro padre, tú juegas una parte especial. Tanto tu esposa o pareja y tu niño por nacer necesitan tu ayuda.

Comparte estas páginas con el padre de tu bebé. Anímalo a leer el libro a medida que transcurre tu embarazo. Hay más páginas a través del libro con notas especiales para los padres.

Lo más importante que puedes hacer es brindarles a la mamá y al bebé tu cariñoso apoyo. Una manera en que puedes ayudar es aprendiendo acerca del embarazo. Otra manera es ayudándola a practicar hábitos saludables, como el dejar de fumar y el comer alimentos saludables.

Puede que no hayas aprendido mucho acerca de cómo ser un padre de tu propio padre. El aprender ahora te ayudará a sobrellevar muchos temores. Comienza con este libro. Éste te dará los datos sobre el embarazo, el parto y el cuidado de un nuevo bebé.

Luego del nacimiento, puedes hacer tanto por el bebé como la mamá—excepto por el amamantamiento. El hacer cosas simples como acurrucar, hacer eructar y cambiar los pañales te ayudará a sentirte más cerca de tu bebé. Desde el comienzo, tú eres una parte muy importante del mundo de tu niño.

Muchos padres y parejas se preguntan:

- ¿Me han dejado fuera de lo emocionante?

- ¿Los cambios en estado de ánimo de mi pareja significan que está enfadada conmigo?

- ¿Seguiremos disfrutando las relaciones sexuales a medida que el embarazo progresa y después?

- ¿Me podré quedar en la sala de parto sin desmayarme?

- ¿Seré un buen padre?

Si algo te preocupa, infórmaselo a tu pareja. El hablar juntos podría ayudar a contestar algunas de tus preguntas. Es importante para cada uno de ustedes saber lo que la otra persona está pensando.

También puedes querer hablar con el médico o la enfermera practicante. Los amigos que ya son padres pueden compartir lo que ellos han aprendido.

Cómo una pareja puede tomar parte en el embarazo

A continuación hay varias cosas que puedes hacer como un padre o una pareja para tu nuevo bebé por nacer.

Estilo de vida:

- Anima a la madre de tu bebé a comer alimentos saludables. Trata de comer bien tú también.

- Ayúdala a evitar el fumar, ingerir alcohol o usar cualquier otra droga. Busca cosas que hacer juntos. Planifica visitas con amigos, escucha música relajante o llévala de picnic.

- Si fumas, hazlo afuera, lejos de la mamá de tu bebé. El humo de segunda mano afecta a tu bebé por nacer y a tu bebé más adelante. Ésta es una buena razón para dejar de fumar.

- Toma caminatas y haz los ejercicios prenatales con ella.

- Comparte los quehaceres del hogar, como el lavado de ropa, cocinar y limpiar.

Cuidado de salud:

- Aprende tanto como puedas acerca del embarazo y del ser padre.

- Asiste con tu pareja a los exámenes médicos prenatales.

- Asiste a las clases de parto con ella. Aprenderás qué esperar y cómo ayudarla durante el parto.

- En los meses más tardes, coloca tu mano sobre su vientre. Sentirás al bebé en crecimiento moviéndose dentro del vientre.

"Es tan maravilloso cuando el ultrasonido nos mostró el cuerpo de nuestro bebé moviéndose dentro del vientre. Finalmente pude compartir la emoción de mi pareja." — Un nuevo Papá.

Sentimientos:

- Evita el bromear o criticar la forma cambiante del cuerpo de tu pareja. Muchas mujeres se preocupan acerca de cómo se ven sus cuerpos. Su aumento de peso es para la salud de su bebé.

- Habla de tus sentimientos acerca del ser padres. Déjale saber acerca de tu emoción y tus preocupaciones. Escucha sus sentimientos. Dale un abrazo adicional si ella se siente triste.

- Háblale a tu bebé. Los bebés por nacer pueden escuchar voces durante los últimos meses antes del nacimiento. Tu bebé aprenderá a conocer tu voz.

Coloca una
foto tuya
aquí

Yo,
Futura Madre

Capítulo 3

Mantenerte saludable

Lo que haces diariamente es importante para la salud de tu bebé—y la tuya. Es fácil decir "llevar una vida saludable". ¿Qué significa esto en realidad? ¿Cómo lo logras verdaderamente?

En este capítulo y en el próximo, encontrarás más acerca de lo que puedes hacer para tener una vida y un embarazo más saludable.

Este capítulo incluye:

- Exámenes médicos prenatales
- Tus hábitos actuales
- Aprender acerca de la salud

Diario vivir, página 22

- Dientes y encías
- Ejercicio
- Seguridad vehicular
- Sexo seguro

El hogar y el lugar de trabajo, página 26

- Peligros domésticos
- Riesgos en el trabajo

Salud mental, página 28

- Estrés y relajación
- Abuso por el esposo o la pareja

Claves para la buena salud durante el embarazo

Estos hábitos saludables aplican a todos, hombre o mujer, joven o viejo. Sin embargo, tienen un significado especial para ti y tu bebé por nacer. Puede que algunos no parezcan afectar el embarazo, tal como el cepillado de dientes. Sin embargo, en este capítulo y en el próximo aprenderás cuán importante son para ti ahora.

- Asiste a todos tus exámenes médicos.
- Evita el alcohol, los cigarrillos, el humo de segunda mano y las drogas.
- Come alimentos saludables.
- Abróchate el cinturón de seguridad cada vez que viajas en automóvil o camioneta.
- Haz ejercicio regularmente.
- Aprende a relajarte y a aceptar todos tus sentimientos.
- Cepilla y limpia con hilo dental tus dientes diariamente.
- Protégete de enfermedades durante las relaciones sexuales.

Me siento bien, ¿para qué necesito los exámenes médicos prenatales?

"El "cuidado prenatal" es el cuidado médico durante el embarazo. Tendrás varios exámenes prenatales. Estos ayudarán a tu médico o enfermera partera a conocer cómo tú y tu bebé están cambiando y cuáles son tus necesidades. Ella buscará por problemas de salud que tú no has notado, como hipertensión.

Si tu salud es buena, tendrás un examen cada mes. En los últimos dos meses antes del nacimiento, serás examinada más frecuentemente.

Tu proveedor de cuidado de salud examinará:

- el crecimiento, el ritmo cardíaco y el movimiento de tu bebé;
- cómo te sientes y cómo tu cuerpo está cambiando;
- tu aumento de peso y tus hábitos alimenticios;
- tu presión sanguínea* y orina para señales de problemas de salud; también se harán otras pruebas para ver cómo está creciendo el bebé;

*Presión sanguínea: La fuerza de la sangre bombeada por el corazón a través de los vasos sanguíneos. La hipertensión o alta presión sanguínea significa que el corazón está trabajando más fuerte.

Las probabilidades son buenas de que no tendrás ningún problema serio. Pero un problema serio es más fácil de tratar si se encuentra temprano.

Tu médico o enfermera partera quiere escuchar tus preocupaciones. El examen es tu mejor momento para hacer preguntas. A medida que lees este libro, anota las preguntas que quieres hacer.

Para más información acerca de los exámenes médicos y de cómo hallar un proveedor, ve al Capítulo 5.

Aprender acerca de tu salud

Hay mucho que aprender. Estás haciendo un buen comienzo al utilizar este libro. Leerás y escucharás toda clase de consejos de tus amigos, familia, la televisión, los periódicos y el Internet. Alguna información puede ser confusa. Un producto o actividad que un día te dicen es saludable puede hallarse perjudicial al día siguiente.

A continuación encontrarás preguntas para hacer antes de confiar en algo nuevo que escuchas o lees:

- ¿Cuál es la fuente original (persona, compañía u organización) de la información? ¿Es una fuente que puedes confiar, tal como una organización médica de renombre?

- ¿La fuente genera dinero de la nueva información? ¿Está vendiendo algo?

- ¿El informe es nuevo o viejo?

- ¿Cómo compara la información con lo que dicen otras fuentes (incluyendo tu médico o enfermera)?

Introducción a tu bebé por nacer

Aquí tienes ilustraciones de tamaño real que muestran el crecimiento de un bebé por nacer en los primeros cuatro meses de embarazo. ¡Observa cuán rápido el bebé crece y cambia (se desarrolla)! Todas las partes principales del cuerpo (cerebro, médula espinal y los órganos) se forman temprano. Es por esto que tienes que cuidarte durante este tiempo.

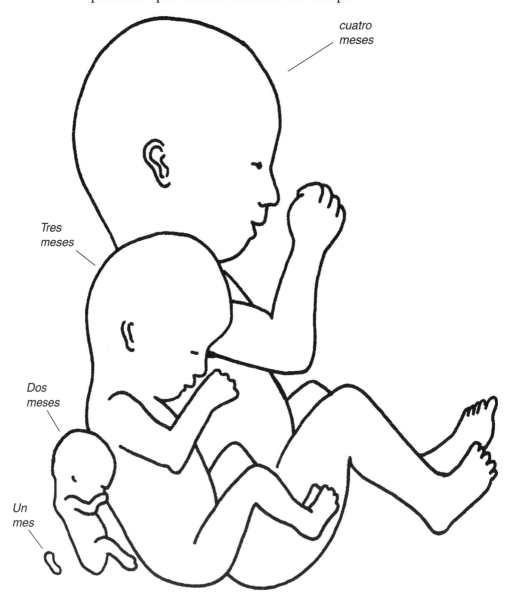

cuatro meses

Tres meses

Dos meses

Un mes

Como crece tu bebé

(Ilustraciones de tamaño real)

¿Cuán saludables son tus hábitos?

La mayoría de nosotros ya tenemos algunos hábitos que ayudan a un bebé por nacer. Algunos de nuestros otros hábitos podrían ser perjudiciales. Marca tus hábitos saludables en la lista de abajo. Sé honesta contigo misma—¡es por la salud de tu bebé!

Sí	No	Hábitos saludables
❑	❑	Como cinco o más porciones de frutas y vegetales diariamente.
❑	❑	Tomo al menos ocho vasos de agua y otros líquidos al día.
❑	❑	No fumo.
❑	❑	No tomo cerveza, vino, refrescos de vino o licor fuerte.
❑	❑	No uso drogas, excepto aquellas que mi médico ha recetado.
❑	❑	Duermo alrededor de siete a ocho horas cada noche.
❑	❑	Hago ejercicios por aproximadamente 30 minutos al menos tres veces a la semana.
❑	❑	Saco tiempo todos los días para relajarme.
❑	❑	Hablo de mis preocupaciones con otros.
❑	❑	Me cepillo y limpio los dientes con hilo dental todos los días.

¿Contestaste "no" a cualquier pregunta de arriba?

Estas son las cosas más importantes para intentar cambiar mientras estás embarazada.

Anota los hábitos que quieres cambiar:

¡Nadie es perfecto, pero estás haciendo un buen comienzo!

_____

_____

_____

_____

Puede que necesites ayuda para lograr estos cambios. Habla con tu médico, enfermera partera, tu pareja u otra persona en quien confías.

Cuidado de tus dientes y encías

"¡Me sorprendió conocer que la condición de mis encías podría tener un impacto en mi bebé! Es difícil de creer, pero es cierto."

Aquí encontrarás alguna información que te podría sorprender. Está basada en investigación válida. La salud de tu boca es importante durante el embarazo. Los gérmenes que causan la enfermedad de las encías pueden hacer que comiencen los dolores de parto tempranamente. (Estos gérmenes también hacen daño a las personas que no están embarazadas. Ellos tienen efecto en la enfermedad cardíaca, la diabetes y otras enfermedades.)

El cepillarte y limpiarte los dientes con hilo dental generalmente es suficiente para evitar la enfermedad de las encías, pero también puedes necesitar exámenes regulares con tu dentista. Si tus encías están enrojecidas e hinchadas o sangran fácilmente, puede que tengas enfermedad de las encías. Asegúrate que tu dentista trate la enfermedad.

Mantente en movimiento

¿Por qué debo hacer ejercicios?

Algunas de las mejores razones para hacer ejercicio son:

*Hemorroides: Venas protuberantes en tu ano (donde sale la defecación) que pueden doler o picar.

- El ejercicio mantiene a la sangre fluyendo bien. Esto evita que tus piernas se hinchen. Puede ayudar a prevenir las venas azules protuberantes (venas varicosas) en tus piernas o las hemorroides.*
- Puede prevenir enfermedades fortaleciendo a tu sistema inmunológico para luchar contra las enfermedades.
- El ejercicio relaja tu mente al igual que a tus músculos. Puede ayudarte a dormir mejor.
- Te ayuda a tener defecaciones regulares.
- Puede prevenir o reducir los dolores de espalda.

Cómo ejercitarte durante el embarazo

Habla con tu médico o enfermera partera acerca de los tipos de ejercicios que estás haciendo o quieres comenzar a hacer.

- Caminar es uno de los mejores ejercicios para cualquier persona. También es uno de los más fáciles y no cuesta nada. El único equipo que necesitas es un par de zapatos planos y acojinados. Camina por alrededor de media hora en la mayoría de los días si es posible. Comienza lentamente y camina lo suficientemente rápido para sudar un poco.

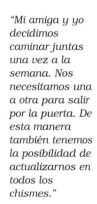

- Si no has estado haciendo ejercicio, haz algo fácil como caminar. (Ve las páginas 95 y 95 para algunos ejercicios específicos.)

- Generalmente puedes continuar el tipo de ejercicio que estabas haciendo antes del embarazo. Evita los aeróbicos de alto impacto y los deportes arriesgados.

- Haz ejercicio al menos tres o cuatro veces cada semana para obtener beneficios reales.

- Bebe bastante agua antes y después. Trata de no sobrecalentarte. Detente si te sientes mareada o débil. Ejercítate cuando el clima esté fresco.

- Puede ser más fácil hacer ejercicio con un(a) amigo(a) que a solas. Se pueden animar el uno al otro.

"Mi amiga y yo decidimos caminar juntas una vez a la semana. Nos necesitamos una a otra para salir por la puerta. De esta manera también tenemos la posibilidad de actualizarnos en todos los chismes."

Abróchate por dos

La transportación en automóvil parece ser tan segura, pero el manejar al supermercado, al centro comercial o a tu empleo puede ser la cosa más peligrosa que haces. También es el peligro mayor para tu niño por nacer.

Los accidentes son la causa más común de muerte y lesiones en los hombres y las mujeres jóvenes. Si quedas lesionada en un accidente de auto o camioneta tu bebé por nacer también puede ser lesionado. El útero no puede amortiguar a tu bebé de las fuerzas en un accidente de auto. Aún si no eres lesionada, tu bebé podría si estarlo.

Viajar seguro:

Protégete de una lesión:

- Usa el cinturón de falda y hombro (y usando un auto con bolsas de aire, si es posible.

- Siéntate en el asiento de atrás cuando puedas. Es más seguro que el asiento de enfrente para todos.

- Dile que "no" al viajar con un chofer que ha estado tomando o usando drogas.

Protege a tu bebé:

- Mantén el cinturón de falda debajo de tu vientre.
- Usa el cinturón de hombro a través del centro de tu hombro.
- Maneja tan poco como sea posible en los últimos meses. Deja que otra persona maneje para que no tengas que estar detrás del volante.

Usa los cinturones de seguridad correctamente

- **Usa los cinturones de seguridad correctamente.** El cinturón de hombro aumenta tu seguridad. Éste evita que tu cabeza choque contra el parabrisas, el panel de instrumentos u otra parte del auto. También evita que tu cuerpo se doble hacia delante y haga presión sobre tu útero. Si tu auto tiene cinturones de falda y de hombro separados, asegúrate de abrocharte los dos.
- **Empuja el cinturón de falda debajo de tu vientre, tocando tus muslos.** Ciñe bien el cinturón de falda. El cinturón de falda tiene que usarse debajo del útero para que no presione sobre él durante un accidente.

Seguridad de bolsas de aire

Las bolsas de aire frontales están ubicadas en el volante y en el panel de instrumentos. Las mismas no reemplazan a los cinturones de seguridad. Éstas funcionan con los cinturones para proteger tu cabeza y tu pecho en accidentes frontales. Tu cinturón de seguridad te sujeta durante volcamientos y choques por atrás y por los lados.

Las bolsas de aire frontales funcionan mejor si te sientas tan lejos de ellas como sea posible. Desliza tu asiento hacia atrás para permitirles a las bolsas de aire suficiente espacio para abrir.

La bolsa de aire no le hará daño a tu feto. Sin embargo, si eres muy corta de estatura y tienes que manejar, es importante sentarte tan hacia atrás como sea posible (10 pulgadas [25 cm], si es posible) del centro del volante. Intenta reclinar el asiento hacia atrás y manejar con tus brazos estirados. Inclina el volante para que esté orientado hacia tu pecho.

Si tu auto tiene bolsas de aire laterales*, trata de no apoyarte contra la puerta mientras manejas. Verifica el manual de operaciones de tu vehículo para más información.

Si sufres un accidente

Si sufres un accidente de auto, ve a una sala de emergencia o a una oficina médica inmediatamente. Asegúrate de informarle al médico que estás embarazada.

Podrías tener una lesión seria aún si no crees que te hayas lesionado. Tu feto, el útero o la placenta podrían estar heridos aún si usaste el cinturón de seguridad y la bolsa de aire se infló.

El bebé necesita un asiento para auto

Después de nacer el bebé, él o ella necesitará un asiento para el auto (asiento de seguridad para niños). Estos asientos protegen a los bebés muy bien y son requeridos por ley en todos los estados. (Ve al Capítulo 6 para más detalles.)

Sexo seguro

Mientras estás embarazada, es bueno no tener que pensar en anticonceptivos. Sin embargo, si no estás en una relación sexual con una sola persona, es muy importante protegerte de las enfermedades que se transmiten a través de las relaciones sexuales (enfermedades de transmisión sexual o venéreas).

El herpes, la clamidia, el sífilis, la gonorrea, la hepatitis y el VIH/SIDA son todas enfermedades de transmisión sexual. Cualquiera de estas enfermedades podrían hacerle daño a tu bebé por nacer al igual que a ti.

Tu médico o enfermera partera te hará algunas pruebas para algunas de estas enfermedades en tu primer examen médico. Si crees que podrías tener una enfermedad de transmisión sexual, asegúrate de informar a tu proveedor. Hay curas para la mayoría de las enfermedades de transmisión sexual.

La mayoría de las enfermedades de transmisión sexual pueden tratarse de manera que tu bebé nazca saludable.

El VIH-SIDA es la enfermedad de transmisión sexual más seria debido a que no tiene cura. Sin embargo, el tratamiento puede evitar que se transmita de la madre al bebé por nacer. Una prueba de VIH es importante para cada mujer embarazada porque muchas mujeres no saben que tienen VIH.

*Bolsa de aire lateral:
Una pequeña bolsa de aire que sale de la puerta, el lado del asiento o sobre la puerta. Ésta reduce las lesiones causadas por un choque en el lado de tu vehículo.

Evitar las enfermedades de transmisión sexual

No contraer una enfermedad de transmisión sexual es mucho mejor para tu salud que curarla. Hay tres maneras de prevenir las enfermedades de transmisión sexual:

*Espermicida:
Una crema o pasta gelatinosa que se usa con un condón para matar gérmenes al igual que los espermatozoides que podrían transmitirse durante las relaciones sexuales.

*Heces:
Excrementos

1. Ten una sola pareja sexual fiel por muchos años.

2. No tengas relaciones sexuales en lo absoluto.

3. Usa un condón y un espermicida* cada vez que tienes relaciones sexuales. Esto no es tan seguro como las primeras dos sugerencias.

Peligros alrededor del hogar

Cajas sanitarias para gatos

Las heces* fecales de los gatos tienen parásitos que podrían infectarte a ti y tu bebé por nacer. Éstos pueden causar defectos congénitos. Puede que no te sientas enferma, pero tu bebé podría verse afectado.

Cualquier gatito o gato que hace sus necesidades afuera podría contraer estos parásitos. Pídele a alguien que limpie la caja sanitaria mientras estás embarazada. Usa guantes si trabajas en un jardín donde podría haber heces de gatos.

Plomo en el aire, suelo y agua

El plomo es un metal venenoso que podría causar un aborto espontáneo o daño cerebral a los bebés por nacer y a los niños. El plomo puede hallarse en el polvo doméstico, en el aire y el agua y en el suelo cerca de las autopistas. También se encuentra en las factorías donde se lleva a cabo pintura o soldadura.

- ¿Trabajas con plomo? Pide otro trabajo mientras estás embarazada o lactando. Si alguien más en tu hogar trabaja con plomo, asegúrate que se quiten su ropa de trabajar y los zapatos antes de llegar a casa.

- El plomo puede hallarse en el polvo alrededor de los hogares o en los zapatos o ropa de una factoría. Trapea los pisos frecuentemente. Asegúrate que los niños se laven las manos luego de jugar afuera.

- La pintura usada en las casas y en los muebles hechos antes de 1978 estaba hecha con plomo. Las personas pueden respirar el polvo de la pintura o comerse las pequeñas lascas de pintura sin saberlo. Aún una cantidad pequeña puede hacerle daño a un feto o a un niño pequeño.

Es importante cubrir la pintura vieja con pintura nueva. Al volver a pintar una casa vieja, una mujer embarazada y sus niños deberían mudarse para evitar el polvo de pintura.

- El plomo en la tubería de las casas viejas podría infiltrarse en el agua. Evita beber el agua que ha estado asentada en la tubería durante la noche. Deja correr el agua por unos minutos en la mañana antes de usarla. El agua caliente absorbe más plomo que el agua fría Cuando cocines y hagas café o té, comienza con agua fría del grifo.

- Los niños pequeños que viven en áreas con plomo en las casas viejas o en el suelo deberían ser examinados por un médico.

Tinas calientes y saunas

Es mejor no usar una tina caliente o una sauna mientras estás embarazada. El agua o el aire muy caliente podría hacerle daño a tu bebé al elevar tu temperatura corporal.

¿Podría mi trabajo afectar a mi bebé?

Esto depende del tipo de trabajo que tienes y cuán bien te sientes. Algunos problemas durante el embarazo podrían empeorarse por tu trabajo. Algunos trabajos podrían causar problemas de salud. Lo que tú puedes hacer depende de la compañía para la que trabajas.

Si tienes un tu trabajo de oficina, puede que no padezcas de problemas de salud relacionados a tu empleo. Sin embargo, es importante levantarte y caminar durante el día. Al menos toma una caminata afuera durante tu pausa de almuerzo.

¿Enfrentas peligros en tu trabajo? ¿Hay químicos tóxicos o plomo en tu área? ¿Trabajas alrededor de rayos X, tal como en un consultorio dental? Todas estas cosas podrían causar problemas durante el embarazo. Pide trabajar lejos de tales peligros si puedes.

¿Tu trabajo le causa mucho estrés a tu cuerpo? ¿Tienes que sentarte o quedarte de pie todo el día? ¿Tienes cambios de turnos que hacen difícil dormir lo suficiente? ¿Tienes que levantar y cargar cosas pesadas? ¿Se te

*Medias de
soporte: Medias
elásticas que se
ajusta
apretadamente
alrededor de tus
piernas para
reducir la
hinchazón y
ayudar a evitar
las venas
varicosas.

requiere trabajar largas horas adicionales? Estas cosas podrían ayudarte:

- Usa zapatos planos y medias de soporte.
- Haz ejercicios como la inclinación pélvica (página 95) para fortalecer tu espalda.
- Pide tiempos de descanso para caminar o para levantar tus pies.

Habla con tu médico y tu patrono si crees que tu salud podría estar en peligro. Pide que tu compañía te dé otra tarea mientras estás embarazada. Si estás sufriendo problemas de salud, podrías obtener una licencia o una licencia por incapacidad.

Aprende a relajarte y a reducir el estrés

Cómo tú piensas y te sientes afecta a tu cuerpo. El mantener a tu mente libre de estrés te ayuda a mantenerte saludable. Hasta podría ayudarte a mejorarte si estás enferma. El disfrutar las cosas pequeñas de la vida, como una buena carcajada por un chiste, puede hacer más fáciles los momentos más difíciles.

Algunas cosas del estar embarazada pueden no ser placenteras. Puedes tener dolores y dolencias. El embarazo puede añadir estrés adicional a tu familia o trabajo.

Algunas cosas pueden ser emocionantes e intimidantes, como el pensar acerca del criar un niño. Otras pueden darte gozo. ¡El sentir a un bebé por nacer patearte en las costillas puede ser muy emocionante!

Ayúdate a sentirte más satisfecha

Puedes aprender a relajarte. Esto te ayudará a encontrar tu propia manera de afrontar las dificultades del embarazo. Algunas cosas que podrías hacer para ti misma:

- Toma una siesta o pasa algún tiempo leyendo.
- Descansa tu mano sobre tu vientre y siente a tu bebé moverse.
- Habla con tu niño por nacer.
- Aprende a tejer o a coser para que puedas hacer una frazada o un edredón.
- Ve películas graciosas que te hagan reír mucho.

- Tómate una ducha caliente,
- Habla con amigos,
- Haz ejercicios.

¿Cómo me pueden ayudar otras personas?

Todos vivimos con otros—en familias pequeñas o grandes, con amigos de la escuela, amigos del trabajo y vecinos. Estas personas son tu sistema de apoyo. Ellos te pueden ayudar en muchas maneras ahora y luego que nazca tu bebé.

Tu esposo o pareja pueden compartir tu alegría y tus preocupaciones. Tus padres, hermanos y hermanas, otros parientes y amigos también pueden darte apoyo y consuelo.

Asegúrate de decirle a tu médico o enfermera partera acerca de cualquier problema en tu vida. Los cambios en tu trabajo, el mudarte a un pueblo nuevo o los problemas familiares pueden darte mucho estrés. Tu proveedor de cuidado de salud necesita saber acerca de tu estrés.

Acuérdate: Ambos padres sienten estrés. El padre de tu bebé puede necesitar abrazos adicionales y tiempo para relajarse. Ustedes están en esto juntos.

Decirles a las personas lo que necesitas

Puede que sepas que todas estas personas se preocupan. Pero puede que no sepas qué ellas pueden hacer para ayudarte. Trata de decirles qué quieres de esta manera:

- "Hoy me siento muy cansada. ¿Podrías hacerme el favor de cuidar a mi niño para que pueda tomar una siesta?"
- "Vamos a ver una película graciosa y no una triste."
- "Por favor, ayúdame con la lavandería. Me duele la espalda."

¿Problemas en el hogar?
Ayuda para las mujeres abusadas

Los esposos o parejas de algunas mujeres pueden golpear, patear, apalear o gritarles a ellas. Este abuso frecuentemente comienza o empeora durante el embarazo. Los niños en la familia también podrían ser atacados. La violencia doméstica es un crimen. **También es un problema**

serio de salud que causa daño a la madre, al niño por nacer y a los otros niños en el hogar.

Si esto te sucede a ti, no es tu culpa. La persona que te ataca es quien está haciendo algo mal. Aún si el asaltante sólo grita y te insulta, esto te puede hacer daño.

Si estás siendo abusada, ¡no tienes que aguantarlo!

Obtener ayuda

- Llama una línea de ayuda para crisis. Hay una Línea Nacional de Ayuda para Violencia Doméstica, 800-799-7233. La misma te puede dar información y contactos locales para albergues, consejería y ayuda legal.

- Dile a una amiga de confianza, a tu médico o enfermera, a un miembro del clérigo o a un consejero de salud mental.

- Busca dónde obtener ayuda en la comunidad, tal como un programa de ayuda legal o un consejero.

- Aprende acerca de lugares seguros adonde ir si necesitas irte. Un albergue para mujeres maltratadas puede darte protección.

Ser una buena amiga

¿Sabes de alguna otra mujer que teme a su esposo o pareja? Infórmale tu preocupación y apóyala en su búsqueda de ayuda. Comparte con ella el número de la línea de ayuda gratis de arriba.

Las mujeres frecuentemente esconden las señales de abuso. Algunas de las señales a buscar son:

- Magulladuras u otras lesiones achacadas a "accidentes",

- Quedarse en la casa asolas la mayor parte del tiempo.

- Aumento en el consumo de alcohol o drogas.

Chapter 4

Lo que comes, bebes y respiras

Casi todo lo que ingieres puede afectar el crecimiento y la salud de tu bebé. Muchas cosas que comes, bebes o respiras pasan a través de la placenta y entran en la sangre de tu bebé. El tratar bien a tu propio cuerpo es importante para los dos. Hasta es importante pensar acerca del aire que respiras.

Algunos tipos de alimentos, bebidas y drogas pueden hacerle daño a un feto en crecimiento. Tú eres la única que puede asegurarse que tu bebé por nacer no esté expuesto a estas sustancias. Puede ser dificil cambiar los hábitos y costumbres pero eso puede significar una gran diferencia para tu bebé.

Alimentación sabia para ti y el bebé

Los alimentos nutritivos ayudan a tu cuerpo a permanecer fuerte y a que el cuerpo y cerebro de tu bebé se desarrollen bien. El comer bien requiere planificación. Puede que tengas que cambiar algunos de tus hábitos.

Trata diferentes alimentos para encontrar aquellas cosas que te gustan que también son buenas para ti:

- Haz una lista de los alimentos que generalmente comes ahora. Compáralos con los alimentos más saludables listados en la siguiente página.

- Haz un esfuerzo por comer más de los alimentos saludables y menos de los otros.

- Intenta un nuevo alimento cada semana.

- Haz una lista de alimentos saludables antes de ir al supermercado. Asegúrate de tener al menos algunos de ellos en la cocina en todo momento.

- Come algunos alimentos que no son tus favoritos. Hazlo por tu bebé. Puede que aprendas a apreciarlos.

- Acuérdate que el ejercicio va a la par con la alimentación saludable.

Siete nutrientes* que tu cuerpo necesita

*Nutrientes: Vitaminas, minerales y otras cosas en los alimentos que todos necesitan para la salud y para ayudar al feto crecer.

1. **Proteína**—para crecimiento de los músculos, órganos y células.

2. **Carbohidratos**—para energía.

3. **Grasas**—para energía y crecimiento celular.

4. **Vitaminas**—para hacer que los órganos, músculos, nervios y otras partes de tu cuerpo funcionen correctamente.

5. **Minerales**—para el crecimiento saludable de las células en los huesos, los dientes y la sangre.

6. **Fibra**—para mejor digestión de los alimentos y la prevención de ciertas enfermedades.

7. **Agua**—para el funcionamiento normal del cuerpo. Todas las partes de tu cuerpo contienen mucha agua.

Si eres menor de 18 años de edad, necesitas proteína adicional y alimentos con calcio, como queso y leche. Esto es porque tu propio cuerpo aún está creciendo. Estos alimentos fortifican tus huesos y músculos al igual que el cuerpo de tu bebé.

Los alimentos más saludables—ejemplos

Aquí tienes algunos ejemplos de los tipos de alimentos que te dan la mayor cantidad y los mejores nutrientes. Trata de comer una amplia variedad de alimentos. Estos alimentos son los mejores para todos, no solamente las mujeres embarazadas.

¿Cuántos de éstos te comes diariamente?

- **Vegetales** (3 a 5 porciones)
  Brócoli, calabaza, batatas, tomates, espinacas, col verde, bok choy—los vegetales verde oscuro o de colores brillantes son los mejores.

- **Frutas** (2 a 3 porciones)
  Naranjas, papaya, manzanas, melones, ciruelas y pasas—las frutas de colores brillantes son las mejores.

- **Pan y otros granos enteros** (con cada comida)
  Pan de trigo, tortillas de maíz, arroz integral, galletas de centeno y los cereales cocidos o secos de granos enteros. Come granos enteros. Estos tienen mucho más sabor y nutrientes que el pan blanco, arroz blanco o espagueti.

- **Productos lácteos y otros alimentos ricos en calcio**
  (3 a 4 porciones)
  Leche sin grasa o baja en grasa, queso duro, requesón y yogur, tofu hecho con calcio (verifica la etiqueta), tabletas de calcio (suplementos). Si la leche te hace sentir mal, come otros alimentos ricos en calcio (ve la página 36).

- **Pescado, aves,** (1 a 2 porciones)
  Salmón, bagre, cubera, pollo, pavo y huevos (cuidado con algunos pescados, ve la página 39).

- **Frijoles y nueces** (1 a 3 porciones)
  Lentejas, garbanzos, arvejas ojinegras, nueces, almendras, cacahuetes y tofu.

- **Aceites** (una pequeña cantidad con cada comida)
  Aceites de plantas como el maíz, cártamo, canola, aceitunas o cacahuetes (al cocinar, en aderezos para ensalada o con pan).

- **Agua y otros líquidos** (8 vasos grandes)
  El agua es mejor, junto con la leche, jugo de frutas o vegetales (100 por ciento jugo), sopa y una taza o dos de café y té. (Evita las gaseosas regulares o de dieta, las bebidas de energía y los jugos azucarados.)

- **Alimentos a limitar** (sólo como gustitos)
  Carne roja, mantequilla, dulces y gaseosas, pan blanco, pasta y las papas blancas. (Estos tienen pocos nutrientes. Toman el lugar de los alimentos nutritivos y pueden llevar a enfermedad.)

La mayoría de las personas comen demasiada grasa y azúcar en los alimentos procesados, las comidas rápidas y los bocadillos. Aprende a disfrutar el sabor de los panes de granos enteros y vegetales frescos. Estarás más saludable y frecuentemente ahorrarás dinero también.

¿Cuán grande es una porción?

Un tazón pequeño de comida para una persona puede parecer como una comida enorme para otra. Los expertos que planifican dietas saludables sugieren porciones más pequeñas de lo que muchas personas se creen.

Más no es mejor. Muchos restaurantes sirven grandes cantidades, mucho más de una porción. Los productos como las galletas, los panecillos y las gaseosas frecuentemente vienen en tamaños grandes. Estos tienen muchas más calorías, grasas y azúcar de lo que es saludable.

Trata de medir los alimentos para ver cuán grande es una porción. Lee las etiquetas en los empaques, también.

Ejemplos de tamaños de porciones:

Frutas: 1 naranja mediana, 1/2 taza de compota de manzana, 3/4 taza de jugo.

Vegetales: 1 taza de lechuga cruda, 1/2 taza de calabaza cocida, 3/4 taza de jugo.

Granos: 1 rebanada de pan de trigo integral, 1/2 taza de arroz integral, 1 onza (1/2 a 1 taza) de cereal seco.

Carnes y frijoles: 2 a 3 onzas de carne, ave o pescado (del tamaño de un paquete de naipes), dos huevos, 1 taza de frijoles o lentejas cocidas.

Alimentos lácteos: 1 taza de leche o yogur, 1 1/2 onza (una rebanada) de queso cheddar, 2 tazas de requesón

Otros: 1 cucharadita de aceite de oliva, aderezo para ensalada, ketchup o jalea.

Seis hábitos alimenticios saludables

Ahora es un buen momento para comenzar a comer mejor para la salud de toda tu familia. Los alimentos que debes comer durante el embarazo son buenos para toda tu vida.

1. Escoge vegetales y frutas de colores brillantes como partes principales de las comidas y los bocadillos. Acuérdate de "Cinco al día", el lema para comer suficientes frutas y vegetales.

2. Usa cereales y panes de granos enteros.

3. Sirve pescado, pollo o pavo en lugar de hamburguesa, costillas o salchicha de Bolonia. Trata algunas comidas con tofu o frijoles secos.

4. Escoge leche baja en grasa o sin grasa, yogur, requesón y helado de yogur.

5. Cocina con aceites líquidos, como el de oliva, cacahuete, maíz y soja, en lugar de mantequilla, manteca o aceite de coco.

6. Come menos alimentos fritos, toma porciones más pequeñas del aderezo de ensalada, usa aceite de oliva en lugar de mantequilla en tu pan.

"Cuando compro comestibles trato de asegurarme que tenga una variedad de alimentos en mi carro de compras. Esto me ayuda a preparar una variedad de comidas que no son aburridas."

Comer fuera y comer sabiamente

Las comidas de restaurantes frecuentemente están cargadas con grasas y faltas de nutrientes que tú y tu bebé necesitan. Si comes fuera a menudo, escoge lugares y los artículos del menú que serán mejores para ti. Busca por:

- un bar de ensaladas donde puedas mezclar tu propia espinaca, tomates, frijoles, pimientos y champiñones

- el aderezo de ensalada "al lado" para que puedas añadir tan poco como quieras

- platos principales de pescado o pollos, asados u horneados—no fritos ni cubiertos con una salsa gruesa o caldillo
- alimentos que no son muy grasientos o salados

Las hamburguesas y las gaseosas de tamaños enormes no son ninguna ganga. Estos pueden ser dañinos para tu salud.

Muchos restaurantes anuncian porciones enormes—más de lo que es saludable para cualquier persona. Podrías compartir el plato principal con una amiga. Si quieres postre, trata de compartirlo también. Esto te ahorra dinero y reduce las calorías adicionales que no necesitas.

Si eres vegetariana

Un vegetariano puede comer casi todos los alimentos listados anteriormente. Para obtener suficiente proteína durante el embarazo, necesitaras comer una variedad de frijoles y guisantes secos, tofu, nueces, huevos y productos lácteos.

Si no comes productos lácteos ni huevos, necesitaras tener más cuidado para recibir suficiente proteína y calcio. Asegúrate de hablar con tu proveedor de cuidado de salud acerca de cómo obtener todos los nutrientes que necesitas ahora.

Obtener suficiente calcio

Mientras estás embarazada, necesitas comer bastante calcio. El calcio fortalece los huesos y dientes de tu bebé. También mantiene a tus huesos fuertes.

*Diarrea
Defecaciones que ocurren más frecuentemente de lo normal y son muy blandas y aguadas.

La leche tiene mucho más calcio que la mayoría de los alimentos. Pero algunos adultos hallan que la leche les da gas, calambres y diarrea.* Esto se llama "intolerancia a la lactosa." Es muy común para los adultos que son afro-americanos, hispanos, asiático-americanos y nativo-americanos **Infórmale a tu médico o la enfermera partera si la leche te hace sentir mal.**

Si padeces de intolerancia a la lactosa, puedes ser capaz de comer algunos alimentos hechos de leche. Trata el yogur con cultivos vivos o los quesos duros como el cheddar o el suizo. Puedes hallar la leche y el flan o budín "bajo en lactosa." Tu proveedor de cuidado de salud puede sugerir lactaid o suplementos de calcio, tales como los Tums.

Algunos alimentos también te proveen calcio, pero necesitas comer mucho de ellos para recibir lo suficiente. Estos son:

- col verde, col rizada, repollo, rábanos, bok choy, chirivía, brócoli
- jugo de naranja con calcio añadido
- salmón o sardinas enlatadas con huesos
- tofu hecho con "sulfato de calcio" (ve la etiqueta)
- tortillas de maíz hechas con lima
- arvejas ojinegras y otros frijoles secos; semillas de ajonjolí (sésamo), almendras y cacahuetes
- melaza

Vitaminas prenatales todos los días

Mientras estás embarazada es muy importante obtener la cantidad correcta de vitaminas. Es muy difícil recibir todas las vitaminas que necesitas de los alimentos. Puedes asegurarte que recibes la cantidad suficiente tomando una vitamina prenatal todos los días. Si no te gusta tomar píldoras o pastillas grandes, puedes cortarlas por la mitad, pero tómate las dos mitades en un día.

Escoge una multivitamina que tiene 100 por ciento de las vitaminas y minerales. Verifica la etiqueta. Es importante no tomar más de la cantidad recomendada diariamente, así que elimina otros suplementos vitamínicos. (Las multivitaminas no contienen la cantidad completa de calcio, así que puedes tomar un suplemento de calcio.)

El hierro se encuentra en la mayoría de las vitaminas prenatales. Es un mineral importante para ti durante el embarazo. Es difícil obtener suficiente hierro de los alimentos.

Algunas mujeres se preocupan que el tomar hierro las estriñe. Es mejor no reducir el hierro debido al estreñimiento. Hay otras maneras de prevenir el estreñimiento. Puedes comer alimentos tales como granos enteros, cereal de salvado y frutas (especialmente las ciruelas) todos los días. Bebe suficiente agua. Si todavía tienes un problema, habla con tu médico o enfermera.

Una píldora de vitaminas no toma el lugar de comer una variedad de alimentos saludables.

Ácido fólico

Una de las vitaminas más importantes durante el embarazo es el ácido fólico (también conocido como folato). Durante las primeras semanas, éste ayuda a prevenir defectos muy serios en la médula espinal y el cerebro del bebé (ve el Capítulo 1). Éste también continúa siendo importante para el crecimiento de tu bebé durante todo el embarazo. Deberías tomar al menos 400 mcg diariamente. Muchos doctores aconsejan aún más (600 mcg) mientras estás embarazada.

Las vitaminas prenatales tienen al menos 400 mcg de ácido fólico. Puedes recibir un poco del comer alimentos como los vegetales de hojas verdes, el jugo de naranja, los cereales secos, panes y la pasta. Sin embargo, es muy difícil obtener suficiente de los alimentos solamente.

Vitamina A: ¿Demasiado de algo bueno?

La vitamina A es muy importante para la salud, pero en exceso puede causar defectos congénitos. Obtendrás suficiente en una vitamina prenatal (hasta 5,000 IU) y en los vegetales verdes y amarillos que te comas. No tomes suplementos vitamínicos adicionales ni comas hígado. El hígado tiene demasiada vitamina A para una mujer embarazada.

Café, té y gaseosas

El café y el té tienen cafeína en ellos. En pequeñas cantidades no son dañinos. **Pero, cuando el café te hace sentir agitada, tu bebé también se siente así**: Una cantidad grande de café (5 o más tazas) al día parece aumentar el riesgo de aborto espontáneo. La cafeína también limita las vitaminas y minerales que una mujer obtiene de los alimentos. Si tú tomas estas bebidas, limita cuanto bebes.

La cafeína se encuentra en muchos medicamentos para el resfriado, en píldoras para dietas y en píldoras para el dolor de cabeza. También se puede hallar un poco en muchas bebidas gaseosas como Coca-Cola, Pepsi, Mountain Dew, Dr. Pepper y las bebidas deportivas. Lee las etiquetas antes de usar algunas de estas cosas.

Advertencias alimenticias

- **Alimentos salados:** Todos necesitan un poco de sal todos los días, pero en exceso ésta no es saludable. Puedes comer un poco de sal a menos que tengas ciertos problemas con tu salud, tal como hipertensión. Pregúntale a tu proveedor de cuidado de salud si necesitas limitar la sal.

Ten en cuenta que algunos alimentos, como las papas fritas, los pepinillos, las comidas rápidas y los alimentos procesados, tienen cantidades mucho más grandes de sal de la que cualquier persona necesita.

- **Comer cosas que no son alimentos, como tierra, arcilla, hielo o almidón para ropa:** Algunas mujeres comen tales cosas cuando están embarazadas. Esto se llama pica. Estas sustancias pueden tomar el lugar de los alimentos que tu cuerpo necesita, así que es mejor limitar este tipo de alimentación. Estas cosas no te dan la nutrición que tu bebé necesita para desarrollarse bien.

  Si antojas estos artículos que no son alimentos, es importante informárselo a tu médico o a tu enfermera partera. Pica te puede causar problemas de salud o puede ser una señal de un problema.

- **Suplementos alimenticios:** Algunos suplementos alimenticios podrían ser peligrosos durante el embarazo. Estos no han sido probados para su seguridad durante el embarazo, así que es mejor no usarlos. Pregúntale a tu médico o a tu enfermera partera antes de usarlos.

- **Peligro de mercurio en algunos pescados:** Los pescados son muy nutritivos, pero algunas clases contienen mucho mercurio. El mercurio es un veneno que puede hacerle daño a los cerebros de los bebés por nacer y de los niños pequeños. Mientras estás embarazada o amamantando o tengas niños pequeños, es muy importante comer solamente los tipos correctos de pescados.

  No comas estos tipos de pescados:

  - Tiburón, pez espada, caballa ("king mackerel") y blanquillo ("tile fish"): no comas ninguno.

  - Pescados de agua fresca pescados por familiares o amigos: no comas más de una porción pequeña (6 onzas) por semana. Esto varía en diferentes ríos, lagos y mares. Verifica con tu departamento de salud local o en un boletín de regulación de pesca.

Pescados que puedes comer incluyen: trucha o bagre, camarones, "palitos de pescado", platija, salmón, abadejo y atún "light" enlatado (no el atún blanco). Tú y tus niños pequeños pueden comer dos porciones de pescado a la semana sin peligro. Si consumes más una semana, come menos en la próxima semana.

Aprende acerca de WIC

llamado "WIC" (por sus siglas en inglés), es un excelente programa nutricional. No es solamente para familias de ingresos muy bajos. Muchas mujeres embarazadas cualifican para usarlo para alimentos nutritivos. El programa WIC también provee información prenatal y de cuidado de infantes. Llama al 800-942-9467 para hallar cómo contactar a tu programa WIC local.

Seguridad alimenticia

Las personas frecuentemente se enferman con alimentos que no están limpios o que se han dañado por haber sido almacenados incorrectamente. Sigue estas reglas generales:

- Lávate las manos bien antes de manejar los alimentos y antes de comer.
- Cocina bien la carne, el pollo, el pescado, los huevos o los crustáceos (almejas y ostras) crudos o poco cocidos. Éstos pueden tener bacteria en ellos (ve Listeriosis, más abajo).
- Mantén la carne cruda separada de los vegetales y las frutas que piensas comer sin cocinar.
- Después de manejar las carnes crudas, lávate las manos con jabón y agua caliente. Friega bien la tabla de cortar también.
- Come los alimentos preparados muy pronto luego de comprarlos (alimentos como el pollo asado, ensaladas, pizza y emparedados).
- Lava bien las frutas y vegetales antes de comerlos.
- Mantén tu refrigerador frío (menos de 40 grados Fahrenheit–4.4 grados Centígrados.
- Guarda las sobras por no más de varios días.

Listeriosis—un peligro alimenticio serio

La listeriosis es una enfermedad muy seria para una mujer embarazada. Puedes contraerla de los alimentos crudos o no limpios. Ésta puede causar abortos espontáneos, parto prematuro o muerte para un bebé recién nacido.

Las mujeres embarazadas, los niños pequeños, las personas ancianas y otros con ciertas enfermedades deberían:

- Cocinar todas las carnes, aves y pescados bien. Los pescados enlatados o mariscos empacados pueden ingerirse sin peligro.

- Comer carnes preparadas (perros calientes, carnes frías) sólo si las calientas a temperatura de vapor.

- Evitar los quesos blandos como el feta, Camembert, el queso estilo mejicano y el queso con venas azules. Los quesos duros y semi-blandos (tales como el cheddar y el mozzarella), el queso crema y el requesón no son portadores de listeria.

- Evitar la leche cruda (sin pasteurizar) y los alimentos hechos con ella.

Cosas que pueden hacerle daño a tu bebé

Casi todo lo que comes, bebes o respiras alcanzará a tu bebé en el útero. Los alimentos saludables y el aire fresco son sustancias que tu bebé necesita. Protege a tu bebé de las medicinas, el alcohol, el tabaco y las drogas.

¿Cuán frecuentemente te tomas una aspirina o una cucharada de medicina para la tos? ¿Cuándo fue la última vez que tomaste demasiado café o te sentaste en una habitación llena de humo? ¿Algunas veces utilizas suplementos alimenticios e hierbas en lugar de medicamentos regulares? ¿Te gusta tomar vino o cerveza con la cena?

Si estás embarazada, cualquiera de éstos podría hacerle daño a tu bebé. Acuérdate que tu niña por nacer es mucho más pequeña que tú. Aún una cantidad muy pequeña de algunas de estas cosas podría causarle daño.

Medicamentos

Verifica con tu médico o enfermera partera antes de tomar cualquier medicamento, suplemento o hierbas, incluyendo:

- Medicamentos recetados por un doctor antes que estuvieses embarazada
- Aspirina, vitaminas, laxantes, medicinas para el resfriado y medicamentos herbarios que puedes comprar sin receta

Alcohol, tabaco y drogas = Bebés en peligro

Algunas drogas, especialmente el alcohol, el tabaco y la mayoría de las drogas ilícitas, podrían causar efectos de salud serios para ti y para tu bebé. **Si te encuentras en la situación de que no puedes dejar de usar cualquiera de estas cosas, ahora es el momento de buscar ayuda.**

Es importante que tu proveedor de cuidado médico conozca de las drogas que podrías usar. Intenta ser honesta con ella. Ella sabrá dónde puedes recibir tratamiento.

¿Cómo afecta el alcohol a los bebés?

Por supuesto, ninguna madre trataría de hacerle daño a su bebé por nacer. Sin embargo, si bebes cerveza, vino o tragos mixtos, el alcohol pasa de tu torrente sanguíneo al cuerpo del bebé.

*Síndrome de Alcoholismo Fetal: Los problemas serios de salud y de desarrollo de un niño que ha sido afectado por el alcohol antes del nacimiento. Incluye ambos, retardación mental y defectos físicos. También se conoce por sus siglas en inglés "FAS" (Fetal Alcohol Síndrome).called "FAS."

El alcohol puede afectar el cerebro antes del nacimiento. Éste puede retrasar el crecimiento del bebé por nacer y darle otros problemas. Los niños afectados por el alcohol pueden tener problemas con la salud, el aprendizaje y el comportamiento a medida que crecen. Esto se llama el Síndrome de Alcoholismo Fetal*.

Se puede hacer daños serios cuando el bebé apenas está comenzando a crecer. Es por esto que es importante dejar de tomar tan pronto creas que puedes estar embarazada. El alcohol puede afectar el desarrollo de tu bebé a través de todo el embarazo. Éste también puede perjudicar a un bebe que está amamantando.

Nadie sabe cuánto alcohol puede tomar una mujer sin peligro, así que es mejor no tomar alcohol para nada. Aún un poco de alcohol podría hacerle cierto grado de daño al bebé. No tienes que ser una alcohólica para que un niño sea afectado por el alcohol.

Datos acerca del alcohol

- El Síndrome de Alcoholismo Fetal es la forma más prevenible de retardación mental.

- La sangre de la mujer absorbe más alcohol de una bebida que el cuerpo de un hombre. Esto significa que una bebida del mismo tamaño te afectará más a ti que a un hombre. El alcohol en tu sangre afectará a tu bebé.

- Hay aproximadamente la misma cantidad de alcohol en una lata de cerveza, una botella de refresco de vino, una copa de vino y un trago de licor fuerte.

- "Los refrescos de vino y muchos tragos mixtos saben muy parecidos a bebidas no alcohólicas. Sin embargo, ellas tienen mucho más alcohol.

¿Es difícil dejar de tomar?

Si no eres capaz de dejar de tomar fácilmente, necesitarás ayuda. Habla con tu familia acerca de tu esfuerzo por dejarlo. Tu médico o enfermera partera pueden ayudarte a recibir consejería. Puede que sea difícil dejar de tomar, pero será para el bienestar tuyo y de tu bebé.

Consejos para hacer el dejar de tomar más fácil:

- Evita lugares donde las personas están tomando alcohol.

- Si otros en tu familia toman, déjales saber que estas tratando de dejar de tomar. Pídeles que hagan otras cosas contigo. Podrían hacer ejercicio o cocinar una cena juntos.

- Si te dan ganas de tomar cuando estás sola, busca algo que hacer. Ve a visitar a un amigo que no toma, da un paseo o ve a ver una película.

Este momento importante en tu vida también es un buen momento para dejar de tomar!

¡El tomar y manejar también puede hacer daño!

Tanto tú como tu bebé podrían ser lastimados si tú tomas y manejas a la vez. El viajar con alguien que ha estado tomando también es muy arriesgado. En un accidente, tú y tu bebé por nacer podrían verse perjudicados fácilmente.

Si tu chofer ha estado tomando, mantente segura:

- Manejando por ti misma, o
- Tomando un taxi hasta casa, o
- Pidiendo viajar con alguien que no ha estado tomando, o
- Quedándote con amigos.

Asegúrate de abrocharte el cinturón de falda y hombro cuando estés dentro de un vehículo en movimiento.

¿Cómo afecta el fumar a los bebés?

Tu bebé necesita el oxígeno en el aire limpio. Ese oxígeno pasa a su cuerpo a través de tu sangre. Tu sangre también lleva el monóxido de carbono*, la nicotina* y otros químicos de los cigarrillos hasta tu bebé por nacer. La nicotina hace que su corazón palpite más rápido. El monóxido de carbono toma el lugar del oxígeno en su sangre.

*Monóxido de carbono:Un gas venenoso que resulta del quemar tabaco u otras cosas.

*Nicotina: Un químico en el tabaco que es muy dañino.

El fumar podría causar un aborto espontáneo o un parto prematuro. Los bebés de las fumadoras frecuentemente nacen más pequeños que los otros bebés debido a que reciben menos oxígeno. Después del nacimiento, también pueden tener problemas, tales como más resfriados, enfermedades pulmonares e infecciones de oído que los otros niños.

Humo de segunda mano

El humo de los cigarrillos de otras personas afecta a tu salud. Éste también alcanza a tu bebé en el útero y puede causar daños. Si tus amigos fuman, pídeles que no fumen en tu casa. Y evita los lugares llenos de humo.

Dejar de fumar

Esto es una de las cosas más importante que puedes hacer por la salud de tu bebé. Aún si dejas de fumar a mitad del embarazo, estás ayudando a tu bebé.

Pídele ayuda a tu médico o enfermera partera para dejar de fumar. Habla con ella acerca del uso de un parcho o la goma de mascar de nicotina. También pídele a tu pareja y a tus amigos que te apoyen mientras dejas de fumar.

Aquí hay algunas cosas para considerar:

- Por qué quiero dejar de fumar (ideas: "por la salud de mi bebé" o "es muy caro".):

  _____

  _____

- Cosas que puedo hacer cuando tengo ganas de fumar (ideas: "comeré una menta después de comer" o "no andar con personas que fuman".):

  _____

  _____

- Me ahorraré esta cantidad de dinero semanalmente al no comprar cigarrillos: $_____*

*Para hallar cuánto te estás ahorrando, multiplica el precio por paquete por el número de paquetes al día por 7 días.

- Cosas que puedo hacer con el dinero que me ahorraré (ideas: "contratar una niñera para que pueda ir al cine" o "abrir una cuenta de ahorros para mi bebé".):

  _____

  _____

- Qué decir si alguien comienza a fumar cerca de mí (ideas: "por favor váyase afuera a fumar" o "por favor no lo haga—me podría hacer fumar nuevamente"):

  _____

  _____

- Establece una fecha para dejar de fumar dentro de las próximas dos semanas y anótala: _____.

- Aquí hay cosas que haré en ese día (ideas: "tirar todos mis cigarrillos por el inodoro" y "decirle a todos mis familiares y amigos y pedirle su ayuda"):

  _____

  _____

En el día de dejar de fumar

Deshazte de todos tus cigarrillos y ceniceros en tu hogar, auto y en el trabajo. Infórmales a tus amigos que has dejado de fumar y pídeles su ayuda.

Cuídate bien tomando largas caminatas o saliendo con amigos que no fuman. Cada vez que quieras un cigarrillo, distráete con goma de mascar o un palillo de diente para masticar. El sentimiento sólo durará unos minutos.

Probablemente comenzarás a sentirte mejor dentro de dos a tres semanas. Si comienzas a fumar nuevamente, acuérdate que no has fallado. Tira los cigarrillos e inténtalo nuevamente.

Drogas ilícitas

Las drogas ilícitas, como la cocaína, la heroína, la PCP (fenciclidina), la metanfetamina y otras, pueden ser muy peligrosas para los bebés por nacer. Cuando una mujer embarazada está en un viaje por el efecto de las drogas, su bebé también lo está. Aquello que te puede hacer sentir bien por un periodo corto de tiempo podría hacerle daño de por vida a tu niño.

El usar estas drogas aún unas cuantas veces podría hacerle daño a un niño por nacer. Si tienes un hábito de drogas, ahora es el momento de obtener ayuda y dejarlas. Puede que no sea fácil, ¡pero el tener un bebé saludable vale la pena!

Las drogas pueden causar:

- Un aborto espontáneo temprano
- Sangrado profuso tarde en el embarazo
- Parto temprano, lo cual puede causar otros problemas
- Un bebé que nace adicto y debe sufrir los dolores del romper el vicio
- Un niño que tiene problemas de aprendizaje o de comportamiento comparado con otros niños

Mientras más temprano puedas dejar de fumar, tomar alcohol y usar drogas, mejor será para ustedes dos. Esto puede ser difícil de hacer, pero tú puedes lograrlo.

Capítulo 5

Cuidado médico durante el embarazo y el parto

Es importante tener un examen médico al menos una vez al mes mientras estás embarazada. Aún si te sientes bien, deberías ver a un proveedor de cuidado médico (doctor o enfermera partera) regularmente. Estas visitas te ayudarán a mantenerte saludable y a manejar cualquier problema tempranamente.

Cada mujer embarazada necesita escoger un proveedor de cuidado médico y un lugar dónde dar a luz. Tus opciones dependerán de dónde vives y de tu plan de seguro médico, si tienes uno. La mayoría de los planes tienen una lista de hospitales y proveedores que puedes usar. Puede que puedas utilizar el médico de cabecera que ya visitas.

Si no estás segura de dónde ir para recibir cuidado, llama a:

- la oficina de beneficios de tu seguro
- el departamento de salud pública
- la clínica de la comunidad
- un hospital cercano

Este capítulo incluye:

Dónde nacerá tu bebé, página 48

- Cómo escoger un médico o enfermera practicante

Qué esperar de los exámenes prenatales, página 51

- Usar los servicios médicos sabiamente

Escoger un médico para tu bebé, página 53

Pagar por el cuidado médico

Infórmate acerca de cómo se pagará tu cuidado médico prenatal y el parto. Discute esto con tu asegurador, la oficina de beneficios de empleado o la clínica. ¿Qué tipos de servicios serán pagados por tu plan médico? ¿Cuánto será cubierto? ¿Cuánto tendrás que pagar por tu cuenta? ¿Qué decisiones tendrás que tomar acerca del cuidado?

Si no tienes seguro médico, infórmate acerca de las opciones disponibles de tu departamento de salud local. Podrías cualificar para un seguro estatal. También existen centros de salud comunitarios que basan sus honorarios en tus ingresos (una escala de honorarios corrediza). Anticipa el cuidado de tu bebé. Pregunta acerca del Programa de Seguro Médico para Niños (CHIP, por sus siglas en inglés).

¿Dónde nacerá mi bebé?

Muchas mujeres quieren dar a luz en un lugar en particular. En algunas áreas, hay opciones de hospitales, centros de partos en hospitales y centros de parto apartes. Puede que algunas enfermeras parteras ofrezcan partos en el hogar.

Conoce lo que cubre tu seguro médico. Pregúntales a tus amigos y familiares qué proveedores de cuidado médico ellos usaron, dónde dieron a luz y que les gusto y disgustó. A continuación están las diferencias básicas.

Hospitales

La mayoría de los bebés nacen en hospitales. En un hospital obtendrías cuidado de emergencia rápidamente, si fuera necesario. No necesitarías ser transportada a un hospital. (La mayoría de los nacimientos no requieren este cuidado.)

Muchos hospitales:

- ofrecen habitaciones de parto parecidas al hogar
- permiten que un bebé recién nacido se quede en tu habitación
- permiten que las parejas de parto te ayuden durante el parto

Piensa acerca de qué te gustaría. Pregunta acerca de estos servicios antes de escoger un hospital.

Centros de parto y opciones caseras

En algunas áreas, los padres pueden hallar maneras de recibir un cuidado menos médico y más parecido al hogar. Puede que seas capaz de dar a luz en un centro de parto o en tu casa. Esto puede funcionar si estás saludable y esperas un parto normal. Si ocurriera un problema serio durante o después del parto, serías movida inmediatamente a un hospital.

Infórmate acerca de cuáles doctores y hospitales usarías si necesitaras ser movida en una emergencia. Asegúrate que el hospital es suficientemente cerca para tu seguridad.

Escoger un proveedor de cuidado médico

Querrás conseguir un profesional que te gusta y en quién confías para darte cuidado a lo largo de tu embarazo y para que traiga al mundo a tu bebé. Esta persona será importante para ti durante los próximos nueve meses.

Infórmate si tu plan médico te provee una selección de proveedores. Pide una lista de aquellos que están incluidos. Los tipos de proveedores que pueden dar cuidado prenatal y de parto son:

Ginecólogo-obstetra: Un doctor con entrenamiento especial en embarazos, partos y la salud femenina.

Médico de cabecera: Un doctor que provee cuidado primario* para personas de todas las edades. ¿Ya tienes un médico quien provee cuidado médico a tu familia? Él o ella puede cuidar de ti durante tu embarazo. Él también podría proveer cuidado para tu bebé después del parto. Él te referiría a un especialista si necesitaras uno.

(Si usas un naturópata para tu cuidado regular, asegúrate de informarte si ella está entrenada en cuidado prenatal y cuándo ella te referiría a un especialista.)

Enfermera partera certificada* (CNM): Muchas enfermeras parteras certificadas trabajan en hospitales y en los centros de partos. Algunas también traen al mundo los bebés en el hogar. En algunos estados, las parteras que no son enfermeras pueden certificarse para proveer este cuidado tomando una prueba especial. Si deseas usar una partera, asegúrate que esté certificada.

*Cuidado primario: Cuidado médico básico para personas de todas las edades.

*Enfermera partera certificada: Una enfermera que tiene entrenamiento especial para dar a luz bebés y quien ha pasado una prueba.

Haz bastantes preguntas para hallar un proveedor de cuidado médico que te guste. Busca un proveedor:

- Que esté bien entrenado y certificado
- Que escucha tus opciones para el parto (ve el Capítulo 8)
- Con quien puedes hablar (si el inglés no es tu primer idioma)
- Que tiene un consultorio al cual puedes llegar fácilmente
- Que tiene un consultorio con fácil acceso si tienes una incapacidad o con acceso teletipo si tienes problemas de audición

Le pregunté a mis amigas acerca de a quién ellas fueron mientras estaban embarazadas. Fue de gran ayuda el saber si lo usarían nuevamente.

Quizás debas reunirte con dos o tres proveedores antes de hacer tu selección. Estos deberían estar dispuestos a reunirse contigo sin costo alguno.

El mejor proveedor de cuidado médico para ti

Hay algunas cosas importantes acerca del embarazo y el parto que debes saber antes de escoger un proveedor de cuidado médico, aprende un poco acerca del parto. Éste es un buen momento para leer la primera parte del Capítulo 6 y todo el Capítulo 10. Usa el Glosario (en el Capítulo 17) para hallar los significados de las palabras médicas que no conozcas.

El hallar un médico o una enfermera practicante que entiende tus preocupaciones será importante. Haz estas preguntas claves:

__ ¿Qué entrenamiento ha tenido en partos (si es un médico de cabecera)?

__ ¿Tiene otros médicos o enfermeras parteras que cuidan de sus pacientes mientras usted está fuera? ¿Tendré una oportunidad de conocerlos?

__ ¿A quién puedo llamar en las noches o los fines de semana si tengo una pregunta o una emergencia?

__ ¿Usted anima a las mujeres a parir en la posición que ellas consideran mejor para ellas?

__ ¿Qué medicamentos usted prefiere usar, si fueran necesarios, para aliviar el dolor durante el parto? ¿Usted anima el uso de otros métodos que no son medicamentos?

— ¿Qué métodos generalmente usa para evitar la episiotomía*?

— ¿Prefiere que una mujer tenga una pareja de parto durante el parto?

— ¿En qué situaciones usted recomienda una cesárea*? ¿Cuán frecuentemente usted recomienda una cesárea no emergente? (Una taza de 15 por ciento se considera buena.)

— ¿Qué le aconseja a las mujeres acerca del parto vaginal si ella ya ha tenido una cesárea?

— ¿Usted anima el amamantamiento después del parto?

Si tienes fuertes convicciones acerca de alguna de estas, asegúrate de discutirlo con ellos antes de escoger un proveedor.

La pregunta más importante es para ti misma: "¿Me gusta esta persona? ¿Podré confiar en su consejo?"

Durante tu embarazo, puede que no te sientas contenta con tu médico o enfermera practicante. Habla con la oficina de servicio al cliente de tu plan médico. Averigua qué opciones tienes para cambiar de proveedor.

Exámenes prenatales—qué esperar

Tu médico o enfermera practicante querrá verte una vez al mes hasta los últimos dos meses. Durante los últimos dos meses, deberías tener exámenes más frecuentes. (Hallarás páginas para llevar un registro de qué sucede en tus exámenes en los Capítulos 7, 8 y 9.)

Los exámenes le permiten al proveedor de cuidado médico llevar un registro de cómo tu bebé está creciendo dentro de ti. Él o ella* también examinará tu salud. Éste es un buen momento para que hagas preguntas. También es un tiempo para que el proveedor te conozca a ti y cómo ayudarte. Deberías también tener una oportunidad de conocer otros médicos o parteras quienes cuidarán de ti mientras tu proveedor está fuera.

Episiotomía: Un corte hecho en la piel alrededor de la vagina para ensanchar la abertura y ayudar al bebé a nacer.

*Cesárea: Nacimiento de un bebé a través de un corte hecho en el vientre de la mujer hasta el útero.

Él o ella será usado para referirse a un proveedor de cuidado médico de cualquier género.

Tu proveedor de cuidado médico examinará tu peso, temperatura, ritmo cardíaco, presión sanguínea, senos y pulmones. Ella examinará el tamaño de tu útero mediante un examen pélvico. Un examen pélvico se hace introduciendo una mano en tu vagina y haciendo presión sobre tu vientre con la otra.

El examen pélvico se hace mientras estás acostada sobre una mesa.

A medida que tu embarazo progresa, ella utilizará ultrasonido para ver el crecimiento de tu bebé, la placenta y tu útero. Generalmente, tú y tu pareja serán capaces de ver lo que muestra la pantalla del ultrasonido.

El médico o la enfermera practicante también llevará a cabo ciertos análisis de laboratorio con tu sangre y tu orina. Estos análisis son para revisar por posibles problemas de salud. Un análisis que regresa con un resultado como "positivo" significa que tu proveedor hará otros análisis para conocer más. Si esos análisis también muestran un problema, ella hablará contigo acerca de qué se puede hacer al respecto. Si no entiendes, pídele que te explique.

Hablar con tu proveedor

Tu proveedor de cuidado médico quiere darte un buen cuidado. Pero tú tienes que poner de tu parte también. Tu parte es informarle cómo te sientes y qué te preocupa.

Anota tus preocupaciones o preguntas según se te ocurren. (Hay lugares para anotar preguntas en las páginas de exámenes médicos en los Capítulos 7, 8 y 9.) Esto te ayudará a recordar qué preguntar en tu próximo examen.

If you are not feeling well

Asegúrate de llamar a tu proveedor de cuidado médico si te sientes enferma o tu cuerpo se siente diferente. Anota las respuestas a estas preguntas antes de llamar:

___ ¿Cómo te sientes diferente de lo normal?

_____

___ ¿Hace cuanto que te sientes así?

_____

___ ¿Cómo han cambiado tus sentimientos? _____

_____

___ ¿Tienes fiebre? (Toma tu temperatura y anótala antes de llamar.) _____

Asegúrate de pedir más información si no entiendes los consejos de tu proveedor de cuidado médico.

Usar los servicios médicos sabiamente

Es muy importante recibir cuidado prenatal inmediatamente, aún si necesitas ayuda para pagarlo. Esperar hasta más tarde en el embarazo podría llevar a problemas innecesarios. Asegúrate que tus amigas sepan que ellas también deberían recibir cuidado temprano si creen que podrían estar embarazadas.

Haz tus citas temprano para que puedas escoger el día y la hora. Si tienes que cancelar, llama el consultorio tan pronto como sea posible para dejarles saber. Haz otra cita para recibir el cuidado que necesitas.

Acuérdate que siempre es mejor examinar un posible problema temprano, cuando es más fácil tratarlo. Esperar hasta que se vuelva serio podría ser peligroso y costoso.

Trata de usar el mismo médico o la misma clínica tanto como sea posible. Usa el departamento de emergencias del hospital durante verdaderas emergencias o en las noches cuando tu clínica regular no está abierta. El departamento de emergencias no está preparado para proveer cuidado regular. El médico o la enfermera no conoce tu historial médico ni el de tu bebé. Además, el recibir cuidado allí puede ser muy caro.

Escoger el médico de tu bebé

Tu bebé necesitará un pediatra*, un médico de cabecera o una enfermera pediátrica practicante* para su cuidado médico. Es importante decidir acerca de esto durante el embarazo.

Si tienes un médico de cabecera quien te provee con el cuidado actual, ese proveedor profesional también puede cuidar de tu bebé. Si no, pídele a tu médico quien te está cuidando durante el embarazo que te sugiera un médico para tu bebé. Pregúntales a tus amigos acerca de los médicos de sus niños. Verifica con tu plan médico por los proveedores en su lista. Luego reúnete con uno o dos doctores o enfermeras practicantes.

*Pediatra:Un médico que tiene varios años de entrenamiento especial en el cuidado de niños.

*Enfermera pediátrica practicante: Una enfermera que tiene entrenamiento especial en el cuidado de niños y quien trabaja con un médico de cabecera o un pediatra.

Algunas preguntas para hacer antes de escoger:

- ¿Tiene una oficina o clínica a la que es fácil de llegar? (Necesitarás llevar a tu bebé allí frecuentemente para exámenes.) ¿Se acomodan sus horas de trabajo a tu itinerario?

- ¿Es ella amigable y se te hace fácil hablarle, con suficiente tiempo para contestar tus preguntas? ¿Tiene una enfermera que te puede aconsejar por teléfono cuando lo necesitas?

- ¿Es fácil de conseguir en caso de emergencias? ¿A quién puedes llamar cuando ella está fuera?

- ¿Son sus preocupaciones iguales a las tuyas? (Algunos padres tienen fuertes opiniones acerca de ciertos asuntos de la salud de niños.)

Los bebés y los niños necesitan ver a su médico o enfermera practicante regularmente aún cuando no están enfermos. Generalmente los bebés tendrán seis exámenes de "bebé saludable" en su primer año.

¿Cómo pagaré por el cuidado de mi bebé?

Si tienes seguro médico para tu familia, el plan cubrirá a los nuevos bebés. Asegúrate de llamar al plan pronto después del nacimiento para informarles acerca de tu nuevo niño.

Si no tienes seguro, llama a tu departamento de salud pública o clínica comunitaria. Estos lugares pueden ayudarte a encontrar cuidado para ti y para tu bebé.

Capítulo 6

El parto y el cuidado de tu recién nacido

Lo que necesitas saber ahora

¿Por qué es importante que pienses acerca del parto y del cuidado de tu bebé ahora? Porque hay cosas importantes que tienes que aprender y decidir con anticipación. También puede tomar algún tiempo para recopilar todos los artículos y el equipo que necesitarás.

Este capítulo incluye:

Opciones de parto, página 56

- Clases de parto
- Preocupaciones acerca de las opciones de parto
- Parejas de parto
- Licencia de maternidad

Cuidado infantil, página 61

- Clases de cuidado infantil
- Por qué es especial la lactancia
- Alimentar con fórmula
- Cosas que necesitarás para tu nuevo bebé
- Escoger e instalar un asiento de auto para niños

Prepararse para el parto

¿Por qué comenzar tan temprano?

No es muy temprano para comenzar a prepararte para el gran evento—el nacimiento de tu bebé. Esto es porque toma tiempo aprender todo lo que necesitas saber. También necesitas comenzar a aprender acerca de las decisiones que quizás tengas que tomar.

¿Te preocupas acerca de cómo será el trabajo de parto y el parto? Esto es normal. Quizás has escuchado historias que te dan miedo. O quizás tuviste un parto que fue difícil. La mejor manera de enfrentar este miedo es aprendiendo sobre qué le está sucediendo a tu cuerpo. Ningún parto ocurre sin dolor ni trabajo difícil, pero mientras más conozcas, menos doloroso será el parto.

¿Cómo me puedo preparar?

El parto es un proceso normal. Los cuerpos de las mujeres están hechos para el trabajo de parir un bebé. Puede que parezca extraño pero es tan natural como el tener relaciones sexuales. Es trabajo difícil, pero tu cuerpo se preparará para ello. La mayoría de las mujeres se sienten orgullosas y fuertes luego de parir un bebé. La memoria del dolor se desvanece rápidamente.

Mientras más sabes, más puedes hacer para hacer que el parto vaya bien. Lee el Capítulo 10, el cual cubre lo básico. Inscríbete temprano para las clases de parto. Habla con amigas acerca de sus experiencias. Lee otros libros para más detalles. Busca en el Internet también. (Los libros y las páginas de Internet están listados en el Capítulo 17.) Busca todo lo que puedas para que puedas tomar las mejores decisiones para tí.

Las cosas más importantes que puedes hacer para prepararte para el parto son:

- Aprender de las opciones de parto. Puede que tengas que tomar algunas decisiones que no son tan simples.

- Escoger una pareja de parto. El tener a alguien contigo que sabe algo acerca del proceso de parto puede ser muy confortante durante el trabajo de parto. Esta persona (el padre de tu bebé o un[a] amigo[a] cercano[a] iría a las clases de parto contigo. Él o ella debe ser capaz de estar contigo cuando comiences el trabajo de parto.

- Asistir a las clases de parto. Éstas son muy importantes para que conozcas qué ocurre durante el parto. Los hospitales, las clínicas de salud y los grupos de parto ofrecen clases.

Las clases de parto te dan confianza

Una clase de parto es el mejor lugar para aprender acerca del trabajo de parto y el parto. El saber qué le ocurrirá a tu cuerpo ayudará a que este proceso sea más fácil y menos doloroso. Una clase te dará las herramientas para estar tan cómoda como sea posible.

Aún si has dado a luz anteriormente, puede que aprendas cosas nuevas de la clase. Cada parto es diferente. También, podría haber nuevos métodos o nuevos medicamentos que no conoces.

Pueden haber clases especiales en tu área para personas interesadas en tipos específicos de partos naturales, tales como los métodos Bradley o LaMaze.

Las clases generalmente duran de seis a ocho semanas. Inscríbete temprano para asegurarte que puedas tomar una clase antes del parto. Algunos hospitales ofrecen clases cortas de repaso para personas que han tomado una clase anteriormente. Pregunta acerca de becas si no tienes suficiente dinero para pagar una clase.

Una clase de parto te enseñará:

- Cómo preparar tu cuerpo para ayudar a hacer el parto más fácil
- Decisiones que puedes tomar acerca del parto que tu médico o partera necesita saber antes de tiempo
- Qué ocurre durante las etapas del trabajo de parto y el parto
- Cómo relajarte, respirar y empujar para hacer el parto más fácil
- Qué tipo de medicamentos pueden ayudar si el dolor es muy fuerte para ti
- Qué sucedería si necesitaras una cesárea

Comienza a aprender ahora

Comienza leyendo el Capítulo 10. Esto cubre lo básico del parto, etapa por etapa. Habla con tus amigas y tu propia madre acerca de sus experiencias. Sin embargo, recuerda que cada mujer y cada parto es diferente.

Algunas mujeres hoy día sienten miedo o disgusto por la idea del parto. Puede que escuches que es más fácil evitarlo tomando muchos medicamentos analgésicos o teniendo una cirugía. Puede que escuches a mujeres decir que una cesárea es más fácil.

Ten en cuenta la regla básica de que los medicamentos o la cirugía deberían usarse sólo cuando es médicamente necesario. Hay riesgos al usarlos. Los medicamentos o el parto por cesárea también quitan muchos de los sentimientos positivos que vienen del haber tomado una parte activa en el parto. Las parejas frecuentemente se sienten más cercanas después de pasar por el proceso juntos. Muchos esposos o parejas admiran a sus mujeres por haber hecho el trabajo fuerte del parto.

El parto y el dolor

No es posible evitar todo el dolor. La mayor parte del problema con el dolor proviene del no entender qué está sucediendo. El dolor que es normal no es intimidante. Éste se desaparece entre las contracciones y casi tan pronto tu bebé ha nacido. Aún el tener una cesárea no ocurre sin dolor. Hay mucho dolor por días o semanas durante la recuperación de una operación de cesárea.

Aunque hay varios medicamentos para reducir el dolor, hay varias cosas que puedes hacer por tu cuenta. Caminar durante la parte temprana del parto, usar diferentes posiciones más tarde en el parto, tomar baños de asiento, recibir un masaje, respirar y practicar los métodos de relajación, todos ayudan. Ellos te ayudan a sentirte mejor y ayudan a que el parto ocurra más rápido.

Muchos medicamentos tienen algunos efectos secundarios o sólo pueden usarse en ciertos momentos.

Parto no emergente por cesárea

Muchos bebés hoy día nacen por cesárea. Algunas de esas cirugías son hechas por la salud de la madre o del bebé, pero la mayoría no lo son. Frecuentemente son hechas por problemas menores que podrían resolverse de otras maneras. Algunas mujeres piden un parto por cesárea, pensando que es más fácil y menos doloroso.

Muchos médicos y enfermeras parteras no están de acuerdo con la cirugía a menos que sea médicamente necesario. Investigaciones indican que las madres tienen muchas más complicaciones de un parto por cesárea que por un parto normal. Muchas de las principales organizaciones médicas, de enfermería y de parto dicen que los riesgos de la cirugía son mayores que lo que las mujeres creen.

Después de la cirugía, una mujer puede esperar quedarse más en el hospital, tener menos contacto con su bebé recién nacido, tener dolor severo por días o semanas, y tomar más tiempo para recuperarse. Algunos posibles riesgos son:

- efectos secundarios de la anestesia
- infección, pérdida de sangre
- dificultad para comenzar la lactancia
- lesión a los órganos cercanos
- menos habilidad de volver a quedar embarazada
- más problemas en los embarazos futuros

Hay riesgos para los bebés también. Estos incluyen problemas respiratorios al nacer y riesgo mayor de asma a medida que los niños crecen.

Habla con tu proveedor de cuidado médico acerca de cuán frecuente él hace cesáreas. Si las hace frecuentemente, pregunta por qué. Si no quieres cirugía, puede que necesites conseguir otro médico u hospital o usar una enfermera partera para tu parto.

Parto vaginal después de cesárea

Puede que muchas mujeres que hayan tenido una cesárea quieran tener un parto normal para su próximo parto (llamado un parto vaginal después de cesárea o VBAC por sus siglas en inglés). Esto puede hacerse con seguridad, especialmente si la cicatriz va de un lado a otro de tu vientre y no de arriba hacia abajo. Pero no todos los médicos ni hospitales lo permiten. Habla con tu proveedor de cuidado médico acerca del mejor método para ti y tu bebé.

¿Quién me ayudará durante el parto?

Probablemente quieras tener una o más parejas de parto. Las enfermeras y los médicos irán y vendrán. Una pareja de parto estará contigo durante todo el proceso.

Durante el parto, tu pareja te ayudaría recordándote y haciéndote seguir los métodos de respiración y relajación que has aprendido. Él o ella te ayudará a estar tan cómoda como sea posible.

"Estuve bien contenta de que el padre de mi bebé se quedó conmigo todo el tiempo durante el parto. Él fue de gran ayuda. Significó mucho para mí que él estuvo allí para saber por lo que yo estaba pasando."

Halla a alguien que pueda ir contigo a las clases y que pueda sacar tiempo de su trabajo o estar lejos de su familia. Quizás quieras pedirle a dos personas, en caso de que una de ellas no pueda estar contigo por todo el tiempo.

Quizás desees contratar una doula (monitora de parto). Una doula es una mujer entrenada y certificada para ayudar familias durante el parto. El cuidado de este tipo de persona puede hacer el parto más fácil tanto para la mamá como para el bebé. La mayoría tienen prácticas privadas (ve el Capítulo 17).

Algunas personas pueden pensar que el parto sería muy dificil de observar. Puede que el padre de tu bebé no quiera tomar parte. Trata de entender si él se siente de esa manera.

Licencia por maternidad

Planifica tomar una licencia por maternidad de tu trabajo. Necesitarás algún tiempo para recuperarte del parto. Pide tanto tiempo libre como sea posible. Los primeros meses de maternidad pueden ser agotadores. Tú y tu bebé también necesitan tiempo para conocerse uno al otro.

Si planeas lactar a tu bebé, habla con tu jefe acerca del tener un lugar privado donde puedas bombear tus senos después que regreses al trabajo. El usar una bomba eléctrica hará más fácil y más rápido el bombearte en el trabajo. Infórmale a tu jefe que la lactancia generalmente reduce las enfermedades de tu bebé. Esto ayudará a que vayas al trabajo regularmente.

Aprender acerca del cuidado de tu bebé

Aprende tanto como puedas ahora. Esto es especialmente importante porque las nuevas madres y sus bebés son enviados a casa uno o dos días después del parto. No tendrás tiempo ni energía para tomar clases después que venga tu bebé. Hay muchas cosas que necesitas saber, incluyendo la lactancia, los primeros auxilios y la RCP* para infantes, seguridad en el hogar y el uso de asientos de autos para niños.

Cuatro maneras de aprender:

- Lee los Capítulos 11 al 15 para lo básico. Lee en el resto de este capítulo acerca de los tipos de ropa, los artículos y el equipo que necesitarás antes que nazca tu bebé.

- Asiste a una clase para nuevos papás en el hospital o centro de parto antes que nazca tu bebé.

- Ve un video acerca de cuidado infantil. Pídele a tu proveedor que te provea uno.

- Pasa tiempo con nuevas madres y sus bebés.

*RCP: Resucitación cardiopulmonar, también conocida como respiración de rescate. La RCP para infantes es muy diferente de la RCP para adultos. Es un método que salva vidas que debe aprenderse antes que sea necesario.

Lactar a tu bebé

Es importante aprender y pensar acerca de la lactancia (también conocido como amamantamiento). Si no estás segura que quieres lactar a tu bebé, tienes tiempo para hallar más información acerca de ello. No necesitas decidir ahora. Si has decidido, puede que cambies de parecer a medida que tu bebé se vuelve más real.

Hay algo muy especial acerca de los bebés recién nacidos mamando en tu seno. Le estás dando el alimento perfecto.

El tocar tu piel desnuda lo calma; le ayuda a hacer el cambio del vientre al mundo exterior. También puede ayudarte a continuar sintiéndote cercana al bebé que acaba de salir de tu cuerpo.

¿Por qué la lactancia es la mejor opción?

- La leche materna humana le provee a tu bebé exactamente el alimento correcto por al menos los primeros 6 meses. Es el alimento más importante del bebé por al menos el primer año.

*Anticuerpos: Células creadas por el cuerpo para luchar contra enfermedades. La leche materna le provee los anticuerpos de la madre al bebé.

- La leche materna le provee anticuerpos* a tu bebé que la protegen de enfermedades. Ella es menos probable de tener alergias, dolores de oído, resfriados, diarrea y otros problemas. La fórmula no provee esta protección.

- La lactancia te ayuda a ti y a tu bebé a sentirse muy cercanos el uno del otro. Esto puede ser especialmente importante cuando regreses a tu trabajo. Tu bebé continuará tomando leche materna mientras estás trabajando.

- La leche materna no cuesta nada y es fácil. No hay necesidad de lavar biberones, mezclar fórmula o calentar biberones.

- La leche materna siempre está limpia, es segura, está a la temperatura correcta y siempre está lista. Puedes alimentar a tu bebé en casi cualquier lugar. Puedes lactar con modestia en público.

"Me gusta la idea de lactar. ¿Quién quiere calentar un biberón a mitad de la noche?"

- Las alimentaciones por las noches son más fáciles. No hay biberones que mezclar ni calentar.

- La lactancia le permite a tu bebé tomar tanto como ella necesita. Los bebés que son lactados son menos probables de crecer a ser adultos en sobrepeso.

- Puede que te tome algún tiempo para que tú y tu bebé aprendan a lactar. Sin embargo, casi siempre funciona bien con un poco de práctica y buenos consejos.

- Es muy raro que los senos produzcan poca leche si el bebé lacta 8 a 12 veces al día y se le da solamente leche materna. Si un bebé siempre parece tener hambre, puede que él no se haya enganchado correctamente. Puedes aprender cómo hacer que él se enganche correctamente.

- El tamaño de tus senos no importa para la lactancia. Su tamaño no está relacionado con las glándulas mamarias dentro de ellas. Si tus senos son anormalmente pequeños, puede que disfrutes tenerlos más grande por un tiempo.

Para más información acerca de la lactancia, ve el Capítulo 12.

Comenzar con la leche materna hace sentido

Tu leche durante las primeras semanas es especialmente saludable. Ésta es una buena razón para intentar la lactancia. Probablemente te gustará. Aún el lactar por varias semanas o meses es mejor para tu bebé que el no hacerlo del todo.

Muchas, muchas madres son capaces de lactar fácilmente. Para las pocas que tienen problemas al comienzo, generalmente hay respuestas fáciles. Probablemente seas capaz de obtener ayuda y consejos de personas que tienen experiencia con la lactancia.

Si no lactas al comienzo, tus senos dejan de producir leche. Luego de eso, no puedes volver a lactar. Puedes cambiar del pecho a fórmula más tarde si deseas.

Alimentar leche materna con biberón

Los bebés pueden aprender a tomar leche materna de un biberón después que la lactancia vaya bien. Si vas a regresar al trabajo, puedes bombear tu leche y almacenarla. Papá u otros proveedores de cuidado pueden darle tu leche a tu bebé cuando no estés.

Beneficios médicos para las madres que lactan

Hallarás que la lactancia te ayuda a perder el peso que aumentaste durante el embarazo. El lactar ahora también te ayuda a protegerte contra ciertos tipos de cáncer y la osteoporosis (adelgazamiento de los huesos) más tarde en la vida.

Si no estás segura

Si no estás segura si quieres lactar, piensa en el por qué. ¿Otras personas han tratado de convencerte a que no lo hagas? Quizás has escuchado a madres jóvenes o a tu propia madre hablar de las dificultades con la lactancia. Quizás no conoces otras mujeres jóvenes que han lactado a sus bebés.

Acuérdate que cada bebé es diferente. La lactancia también será diferente para cada mamá. Tu mamá quizás usó fórmula, pero nosotros sabemos mucho más hoy día acerca de los beneficios médicos de la leche materna. Puede que las mamás que han dejado de lactar temprano no hayan recibido buenos consejos al comienzo.

"Mi mejor amiga me dijo, 'Cuando estoy lactando, sé que estoy haciendo algo por mi bebé que nadie más puede hacer. Y también me siento muy femenina y bella, aún si mi cabello está sucio y no dormí bien anoche.'"

Saca tiempo para hablar acerca de todas las cosas buenas acerca de la lactancia para tu bebé y para ti. Pregúntales a tus amigas y compañeras de trabajo acerca de sus experiencias. Busca personas que han lactado por más de un mes o dos. Entérate de ellas cómo verdaderamente es la lactancia.

La lactancia no tiene que atarte. Para cuando estés lista para salir sin tu bebé, puedes darle una botella de leche materna o de fórmula.

Esta decisión debería ser tuya. Si nunca lo has hecho, no tienes ninguna manera de saber cómo será para ti. Tú lo PUEDES hacer si así deseas.

Alimentar con fórmula

La fórmula es leche materna artificial. Está hecha para ser tan parecida a la leche materna como sea posible. Es la única clase de leche para alimentar a tu bebé si decides no lactar. Aquí hay algunas cosas a considerar.

Lactancia vs. alimentación con fórmula

- La leche materna tiene anticuerpos y muchos nutrientes

- La fórmula tiene los nutrientes principales pero no tiene anticuerpos. Los bebés pueden tener más resfriados, infecciones de oído y diarrea.

- La leche materna es gratis

- La fórmula es cara.

- La leche materna siempre está lista para el bebé

- La fórmula necesita ser mezclada.

- Los senos no necesitan una limpieza especial

- Los biberones y las tetillas deben lavarse con jabón y agua caliente todos los días.

Cosas que tu bebé necesitará

Ahora es un buen momento para comenzar a pensar acerca de adquirir ropa, un asiento de auto para niños y otros artículos para bebés. Toma tiempo recopilar todo lo que un bebé necesita.

Los amigos y las tiendas de reventa son buenas fuentes de ropa para bebés. Si estás buscando gangas, ten cuidado de los asientos de autos para niños y de las cunas de segunda mano. Estos pueden tener problemas serios de seguridad. Para más detalles acerca de seguridad, ve el Capítulo 14.

Ropa

☐ **Pijamas calientes con patas, camisetas con broches en la entrepierna, medias, un sombrero cálido.** Comienza con el tamaño de 3 a 6 meses. A la mayoría de los bebés les quedan los tamaños más pequeños rápidamente. Si tu bebé nace temprano y es pequeño, él podría usar la ropa de recién nacido primero.

☐ **Pañales:** ¿Qué clase es mejor? Hay beneficios y problemas con los pañales desechables y los de tela. Un servicio de lavado de pañales o los pañales desechables pueden ser fáciles de usar, pero generalmente cuestan más que lavarlos por tu propia cuenta. Algunas mamás lavan sus pañales la mayor parte del tiempo y usan los desechables cuando salen con sus bebés.

Equipo

☐ **Un asiento de auto para niños*** que se le ajuste a un nuevo bebé. Úsalo en cada viaje, comenzando con el viaje a casa desde el hospital. Esto es la ley en cada estado y protege a tu bebé del peligro mayor en su vida. (Encontrarás más acerca de la selección de un asiento de auto para niños más adelante en este capítulo.)

*Asiento de auto de seguridad para niños: Un tipo especial de asiento para usarse en los vehículos de motor. También conocido como un "asiento de autos".

☐ **Una cuna** para que tu bebé duerma, con un colchón firme que se ajusta apretadamente, una funda plástica para el colchón y varias sábanas.

Al principio, puedes utilizar una cuna pequeña o un moisés. A medida que tu bebé crece, necesitarás una cuna más grande con lados altos. Los lados deben tener espacios estrechos entre las tablillas, 2 3/8 de pulgada (6 cm) o menos. (Esto es aproximadamente el ancho de una lata de refresco.) Ten cuidado con las cunas más viejas con espacios más anchos en los cuales se podría quedar encajada la cabeza del bebé. Algunas tienen otros problemas de seguridad también, como postes y cortes en las cabeceras y las antecabeceras.

Artículos

☐ **Sostenes de lactancia para ti.** Estos abren al frente para hacer la lactancia más fácil. Compra éstos un poco más grandes que los que necesitas mientras estás embarazada.

☐ **Medicamentos que tu bebé puede necesitar:** incluyendo analgésicos sin aspirina (tal como Tylenol) para la fiebre. (La aspirina puede ser perjudicial para los bebés y los niños pequeños.) Un ungüento con óxido de zinc es útil para el sarpullido producido por el pañal. Pregúntale a tu médico o enfermera acerca de otros medicamentos que deberías tener a la mano.

☐ **Termómetro:** Ten un termómetro digital para usar si tu bebé tiene fiebre. No uses un termómetro de vidrio. Uno de vidrio tiene mercurio dentro de él, el cual puede ser muy peligroso si se rompe el vidrio.*

Si tienes un termómetro de vidrio viejo, no lo tires a la basura. Llévalo a un centro de recogido de basura peligrosa.

☐ **Biberones, tetillas y fórmula:** Necesitarás sólo unos cuantos biberones para usar con la leche materna. Para alimentación con fórmula, necesitarás al menos 8 biberones.

☐ **Frazadas pequeñas y finas** para envolver a tu bebé.

Otras cosas útiles

☐ **Una almohada para lactancia:** una almohada de esponja de forma curva que se ajusta alrededor de tu cuerpo en tu cintura. Tu bebé puede acostarse sobre ella mientras está lactando.

☐ **Un bañera para bebés:** Una bañera plástica poco profunda con un espaldar inclinado o con un cojín de goma ayudará a mantener a tu mojado y enjabonado bebé seguro y hará más fácil el tiempo del baño.

☐ **Una mecedora:** El mecer a tu bebé en tus brazos en una silla lo hará sentirse feliz y tranquilo. Puede que a un bebé que está fastidioso también le guste estar en un columpio por periodos cortos.

☐ **Una asiento infantil reclinable:** Un asiento infantil que se mece o que da brincos puede ser calmante pero debería usarse sólo por periodos cortos de tiempo. Úsalo solamente cuando hay un adulto con el bebé. (Cuando un bebé está despierto, él necesita tiempo para estar acostado sobre su estómago y para ser sostenido. Cuando él esté durmiendo, debería estar acostado sobre su espalda.)

☐ **Un portabebé de tela:** Usa una eslinga de carga o un cargador frontal para cargar a tu bebé mientras haces tus quehaceres o vas a caminar o de compras. Puede ser más fácil ponerte un portabebé de tipo eslinga (ve la imagen) que un cargador con más broches y ajustes.

☐ **Un chupete:** El chupar puede calmar a un bebé fastidioso, pero no todos los bebés ni padres necesitan los chupetes. Tu dedo limpio o el del mismo bebé son chupetes naturales. Se ha demostrado que el uso de chupetes mientras duermen ayuda a prevenir el síndrome de muerte súbita infantil (SIDS, por sus siglas en inglés). Si tu bebé tiene cólico, un chupete puede ser útil.

Escoge un chupete hecho de una sola pieza. Esto es lo más seguro porque la tetilla no puede romperse y ser tragada. Asegúrate de no amarrar el chupete alrededor del cuello de tu bebé. El cordón podría estrangularlo.

☐ **Juguetes para bebés:** Las matracas y las campanillas hacen ruido que les gustan a los bebés. Los juguetes suaves y lavables son buenas opciones. Éstos no deberían tener partes pequeñas y duras (tales como ojos de plástico) que tu bebé pueda morder y arrancar. Evita los cordones largos que podrían enredarse alrededor de su cuello.

☐ **Un móvil:** A los bebés les gusta observar juguetes que cuelgan con partes que se mueven o que giran. Cuelga uno sobre la cama de tu bebé o la mesa cambiadora. Obtén uno con formas prominentes en blanco y negro o en colores brillantes que sean fáciles de ver para tu bebé. Escoge uno con formas que se verán desde abajo. Cuélgalo alto fuera del alcance de tu bebé.

☐ **Libros y panfletos:** Colecciona información acerca del cuidado de bebé de tu clínica, el consultorio de tu médico o de una librería. Busca en el Internet para más información. Ve el Capítulo 17 para libros y sitios web que son útiles y en quienes puedes confiar.

Cosas de segunda mano

La ropa usada y otras cosas de bebé pueden ser una tremenda ganga en las tiendas de reventa. Los bebés pequeños no desgastan sus ropas y juguetes. Frecuentemente puedes obtener cosas de muy buena calidad en las tiendas de reventa que solamente están un poco usadas.

Ten cuidado con el equipo usado. Los asientos de autos para niños, las cunas, los corrales y algunos juguetes frecuentemente tienen problemas serios de seguridad. Puede ser mejor comprar estas cosas nuevas.

Asientos de autos para niños:

Los asientos de autos para niños más nuevos tienen muchas mejoras. Los más viejos pueden tener varios problemas. Necesitas saber

- **¿El asiento de autos para niños ha estado en un accidente?** Un asiento de autos no debería usarse después de un accidente que sea más serio que un choque leve. Esto es porque podría tener daño oculto. Si no puedes verificar que no está dañado, no lo uses.

- **¿Tiene sus instrucciones y partes?** Es importante seguir las instrucciones porque no todos los asientos de autos para niños funcionan de la misma manera. Puedes obtener nuevas instrucciones o partes de reemplazo del fabricante (verifica su sitio web).

- **¿Qué edad tiene?** Debido a los avances en diseño, la mayoría de los manufactureros recomiendan no usar los asientos de autos para niños con más de seis años. Los asientos mayores de 10 años deben ser tirados a la basura. (Desmóntalos primero para que no puedan ser sacados de la basura y usados.)

- **¿El asiento de auto ha sido retirado del mercado?** Muchos de los productos retirados lo son por peligros serios de seguridad. Para saber más, llama al manufacturero con el número de modelo y la fecha de manufactura. Si el asiento usado no tiene una etiqueta con la fecha y el número, no puedes verificar.

Cunas:

Muchas cunas viejas tienen diseños que no son seguros y puede que hayan sido retiradas del mercado. Hay un estándar para las cunas seguras, pero aún algunas cunas nuevas no cumplen con el estándar. Usa una cuna con espacios estrechos entre las tablitas de manera que la cabeza del bebé no se quede atrapada entre ellas. Ésta tampoco debería tener postes o pomos que sobresalen en las esquinas. Evita las cunas con agujeros o cortes en los cuales el cuello de tu bebé pueda quedarse atascado.

Corrales:

No uses un corral con lados que se doblan hacia abajo. Estos pueden atrapar el cuello del bebé.

Portones:

Los portones de seguridad tienen dos partes que se ajustan deslizándose hacia los lados. Ten cuidado con los portones viejos que tienen agujeros en forma de diamante y que se doblan como un acordeón. Éstos pueden estrangular a un bebé.

Para información acerca de los productos retirados del mercado, ve el Capítulo 17.

Seleccionar un asiento de auto para niños

Tu hospital esperará que te lleves a tu bebé en un asiento de autos para niños. El auto puede ser el lugar más peligroso para un bebé o un niño mayor. Los asientos de seguridad de autos para niños hacen un buen trabajo de proteger a los niños de los accidentes.

¿Cuál es el mejor asiento de auto para niños?

No hay un solo "mejor" asiento de auto para todos. El mejor para tu nuevo bebé

- Está hecho para usarse mirando hacia atrás para un infante

- Es capaz de encajar y abrocharse apretadamente en tu vehículo

- Es fácil de usar correctamente, de manera que lo usarás en cada viaje

Un asiento más caro no es necesariamente más seguro. Todos deben pasar por las mismas pruebas de seguridad. El encaje del asiento en tu auto y para tu niño son lo más importante.

Éste es uno de los productos que es mejor comprar nuevo (ve Cosas de segunda mano, página 68). Si no puedes comprar uno, pídele a tu hospital, clínica o compañía de seguro automovilístico si ellos ofrecen asientos de autos para niños de bajo costo. Si no, comienza a ahorrar ahora.

Dos tipos diferentes de asientos de autos para bebés

1. Un asiento de auto pequeño solamente para infantes que pesan menos de 22 libras (hasta aproximadamente 8 a 10 meses de edad). Un asiento de autos para infantes solamente (ve la ilustración a la izquierda) puede ser muy útil para un recién nacido. (Nunca uses un asiento para infantes para el hogar, el cual no está hecho para proteger en caso de accidente.) Este tipo

   • Es liviano, fácil de cargar del auto al hogar.

   • Puede tener una base que puede dejarse instalada en el auto.

   • Cuesta menos, pero le quedará pequeño pronto.

   • Puede encajar en un coche de niño.

Un asiento de auto para infantes solamente sirve bien para los recién nacidos y es conveniente para cargar.

2. Asiento de auto convertible: Este tipo sirve para bebés y niños hasta 40 libras y alrededor de 3 a 6 años de edad. Puede usarse mirando hacia atrás para un bebé y mirando hacia delante cuando el niño esté más grande. Un asiento convertible tiene:

   • Un arnés (ve la ilustración de abajo) o una pechera acojinada y tirantes. Escoge un asiento con arnés, no con una pechera, para los bebés recién nacidos.

   • Límites de peso más altos cuando está mirando hacia atrás (30 a 35 libras) que los asientos de auto para infantes solamente. Esto permite que un bebé viaje mirando hacia atrás hasta los 18 meses ó 2 años de edad.

Un asiento de auto convertible más grande con un arnés sirve para niños desde nacimiento hasta 40 libras.

Aprende a usar un asiento de autos para niños

Obtén el asiento de auto temprano. Practica colocando una muñeca en el asiento y ajustando el arnés. Practica instalar el asiento de auto en el auto mirando hacia atrás.

Ve al Capítulo 14 para detalles de cómo usar un asiento de auto para niños correctamente. Sigue las instrucciones del asiento y del vehículo. Muchos asientos de auto no son usados correctamente.

"Me quedo sorprendida cuando veo una familia en el auto con los niños viajando sueltos en el asiento de atrás. ¿No saben cuán peligroso es eso?"

No todos los asientos de auto encajan bien en cada auto. Si tienes uno que no encaja bien en el auto o si tienes preguntas, lleva tu asiento a ser examinado antes que llegue el bebé. Halla un Técnico de Seguridad para Niños Pasajeros en tu área (ve el Capítulo 17).

Capítulo 7

Primer trimestre:
Meses 1, 2 y 3

Semanas 1 a 13

Todo tu embarazo durará alrededor de nueve meses. Éste puede dividirse en tres partes llamadas "trimestres". Este capítulo te guiará a través del primer trimestre. Los próximos dos capítulos cubrirán los otros dos trimestres. El Capítulo 10 trata con el trabajo de parto y el parto.

Este capítulo incluye:

Meses 1 y 2, página 73

- Primeros exámenes
- Tu bebé en tu cuerpo
- Cuidarte en los primeros meses

Mes 3, página 82

- Cuidado y examen del tercer mes
- Comer bien y aumentar de peso
- Señales de advertencia que debes conocer
- Preocupaciones comunes: Aborto espontáneo, defectos congénitos

---

¿Cuánto dura un embarazo?

Los médicos y las enfermeras parteras frecuentemente hablan del número de semanas del embarazo. Esto es porque tu bebé por nacer crece y cambia mucho durante cada semana. Habrán alrededor de 40 semanas desde tu último periodo menstrual hasta el nacimiento de tu bebé.

Aquí está cómo se dividen las semanas y los meses:

1er trimestre = meses 1–3 = semanas 1–13

2do trimestre = meses 4–6 = semanas 14–27

3er trimestre = meses 7–9 = semanas 28–40

La mayoría de las mujeres se sienten muy diferentes durante cada trimestre. Durante el primero, tú y tu cuerpo se estarán acostumbrando al embarazo. En el segundo trimestre, probablemente te sentirás más cómoda y contenta. En el tercero, puede que estés menos cómoda. Estarás mirando hacia el futuro, hacia el parto y la maternidad.

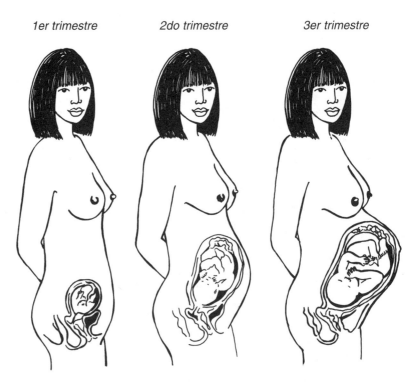

| 1er trimestre | 2do trimestre | 3er trimestre |

Cómo tu cuerpo cambia a medida que tu bebé crece

¿Cómo crece mi bebé?

Mes 1 (1 a 5 semanas después de tu último periodo)

Tu bebé por nacer es muy pequeño para ver al comienzo. Después de 4 a 5 semanas, él* crecerá a ser casi tan grande como un cacahuete

- Su cerebro y médula espinal, pulmones y corazón se están formando.

- Su cabeza tiene pequeños puntitos donde estarán sus ojos.

Recuerda, este libro usara "él" o "ella" para cualquier bebé, niño o niña.

Regresa a las ilustraciones tamaño real del crecimiento en el útero (Capítulo 3, página 20). Observa el crecimiento asombrante del bebé en los primeros meses.

Tu segundo mes (6 a 9 semanas)

Ahora el pequeño bebé por nacer está comenzando a parecer una persona. Él tiene pequeños ojos, oídos y una boca. Él crecerá hasta aproximadamente una pulgada (25 milímetros) de largo, aproximadamente el tamaño de una nuez.

- Él ahora tiene el comienzo de todos los órganos y sistemas que tendrá al nacer.

- Los brazos y las piernas se están formando, con pequeños dedos.

- Su corazón está latiendo, bombeando sangre a través de su cuerpo.

- Su cerebro está creciendo rápidamente, así que su cabeza es mucho más grande que su cuerpo.

"Es difícil creer que él ya tiene dedos y dedos de pié. ¡Apenas me siento embarazada!"

Cambios que notarás

- Tu piel puede estar más reseca de lo normal.

- Tu cara puede comenzar a llenarse de acné. Puede haber un cambio de color a través de tu nariz y mejillas.

- Puede que te comience a salir una línea oscura a través del centro de tu barriga.

- Tus aureolas se oscurecerán y tus senos se hincharán.

- Tus senos y tu barriga crecerán y puede que le salgan estrías en forma de cintas.

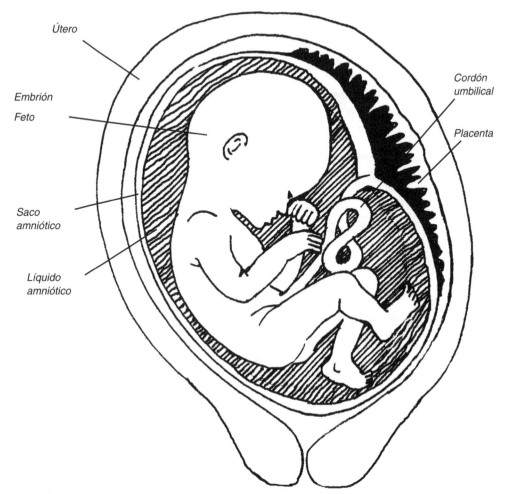

Útero

Embrión

Feto

Saco
amniótico

Líquido
amniótico

Cordón
umbilical

Placenta

Aquí es donde tu bebé por nacer crece

*Las palabras en
negritas están
indicadas en la
ilustración.*

Tu bebé en tu cuerpo

Tu bebé por nacer vive en tu **útero**. Él se conoce como un
embrión durante las primeras 8 semanas. Después de esto se
conoce como **feto**. Él se enrolla en el **saco amniótico** (bolsa de
aguas) que está lleno de **líquido amniótico.**

El **cordón umbilical** y la **placenta** conectan al cuerpo
de tu bebé con tu cuerpo. La placenta está pegada a la
pared de tu útero. La sangre en la placenta y el cordón
llevan alimento, oxigeno y otras cosas que tu bebé necesita.
También lleva algunas cosas que podrían hacerle daño a tu
bebé, como el alcohol y la nicotina.

Tu primera visita prenatal

Tu médico o enfermera partera te dará un examen completo. Esto es lo que generalmente sucede en esta visita. El médico o la enfermera:

- Preguntará acerca de tu historial médico y tus hábitos. Infórmale tanto como puedas. Las cosas que no te gustan discutir podrían hacer una diferencia en tu cuidado. Lo mismo puede ser cierto de cosas que no parecen ser importantes. Mientras más sepa tu proveedor, mejor cuidado ella puede darte.

- Preguntará acerca de la salud de tus padres y familiares. Algunas condiciones de salud de los otros miembros podrían afectar tu salud y tu embarazo.

- Medirá tu estatura, peso, temperatura, ritmo cardiaco, presión sanguínea, senos y pulmones.

- Hará un examen pélvico para hallar el tamaño y la posición de tu útero.

- Te pedirá que proveas muestras de sangre, orina y otras muestras para examinar por condiciones como clamidia, hepatitis B y VIH. Tu proveedor necesita saber acerca de tus problemas tan pronto como sea posible.

- Te dará una receta para vitaminas prenatales.

Prueba de VIH-SIDA: Importante para cada mujer embarazada

Una prueba de sangre para el VIH, el virus que causa el SIDA, es importante porque:

- Muchas mujeres nunca saben que están infectadas con VIH.

- Si una mujer tiene VIH, ella debería obtener cuidado especial inmediatamente. Su médico puede ayudar a asegurar que ella y su bebé por nacer obtengan el mejor cuidado.

- Hay medicamentos que pueden reducir las probabilidades que un bebé por nacer contraiga el VIH de su madre.

Tu proveedor de cuidado médico debería hablar contigo acerca de la prueba antes y después que la tomes. Si tienes VIH o SIDA, hay cosas que puedes hacer para afrontar esta enfermedad.

Todo acerca de mí (notas antes de mi primer examen)

Tengo ____ años de edad. Mi fecha de nacimiento es _____.

(mes, día, año)

Mido _____ pulgadas de estatura y pesaba _____ libras antes de quedar embarazada.

Mi último periodo menstrual comenzó en _____.

(fecha)

- Problemas de salud que padezco (enfermedades, cirugías, etc.):

  _____

  _____

  _____

  _____

- Problemas de salud en mi familia (esposo o pareja, mis otros niños, mis padres, hermanos, hermanas):

  _____

  _____

  _____

  _____

- Medicamentos, hierbas y suplementos que uso:

  _____

  _____

  _____

  _____

- **Preguntas que tengo acerca de estar embarazada:**

  _____

  _____

  _____

  _____

  _____

  _____

  _____

Todas las cosas que has listado aquí son importantes para discutir con tu médico o enfermera partera.

Registro de tu primera visita prenatal

Fecha _____ (generalmente 4 a 8 semanas después de tu último periodo).

Tengo aproximadamente ___ semanas de embarazo.

Peso ____ libras hoy.

Mi presión sanguínea es _____.

Las pruebas que recibí hoy: _____

_____

_____

_____

_____

_____

El nombre de mi médico o enfermera partera* es

_____

   Teléfono del consultorio:_____

   Teléfono de emergencia: _____

Cosas que aprendí hoy

1. La "fecha estimada de parto" de mi bebé es _____

_____

2. _____

_____

_____

3. _____

_____

_____

Mi próximo examen será

El _____ de _____, a las ___:___.
   (dia)   *(mes)*   *(hora)*

*Coloca este nombre y ambos números de teléfono al frente de este libro. También colócalos cerca de tu teléfono, para que sean fáciles de hallar.

Señales de una emergencia

Conoce las señales de advertencia de un problema durante el embarazo. Lee acerca de ellas en la página 88 más adelante en este capítulo. Llama a tu proveedor si crees que tienes alguna de ellas.

¿Cómo puedo cuidarme?

Parte del crecimiento más importante de tu bebé ocurre durante los primeros dos meses. Recuerda y practica los hábitos saludables de los Capítulos 2 y 3.

- Ve a tus exámenes y aprende del embarazo.
- Mantén tu cuerpo libre de tabaco, alcohol y drogas. Aléjate de los lugares donde otros están fumando.
- Recibe un examen dental y trata cualquier enfermedad de las encías.
- Come los alimentos saludables que tu bebé necesita.
- Obtén suficiente ejercicio y descanso.
- Usa el cinturón de seguridad en cada viaje.
- Saca tiempo para relajarte.
- Asegúrate de protegerte de las enfermedades de transmisión sexual si tienes más de una pareja sexual.
- No uses medicamentos que tienes alrededor de tu hogar. Primero pregúntale a tu proveedor de cuidado médico si son seguros. Siempre hay maneras de tratar muchos problemas de salud comunes, tales como resfriados, sin tomar medicamentos.

¿Cómo puedo evitar sentirme tan cansada?

Puede que en los primeros meses te sientas cansada. Aprende a decir que "no" si preferirías descansar en lugar de salir con amigas. Tu energía regresará en el segundo trimestre.

¿Qué hago si tengo malestar estomacal?

Durante los primeros meses, frecuentemente te puedes sentir con ganas de vomitar. Puede que hasta vomites diariamente. Esto se llama "náuseas matutinas" pero pueden suceder a cualquier hora del día. Generalmente se detienen luego de los primeros meses del embarazo. Aquí tienes varias maneras que puedes lidiar con ellas

- Come comidas más pequeñas cada dos a tres horas. No esperes hasta que tengas mucha hambre. Come un pequeño bocadillo antes de acostarte.

- Come algunas galletas simples antes de levantarte de la cama en la mañana o cuando te sientas enferma. Mantenlas al lado de tu cama.

- Toma un poco de agua carbonatada simple.

- Come los alimentos que se te antojen. Puede que te gusten alimentos que no te gustaban antes. No te preocupes si los alimentos que puedes mantener en tu estómago no son los más nutritivos. Podrás comer mejores alimentos cuando pasen las náuseas matutinas.

- Aléjate de los alimentos grasientos o picantes si estos te hacen sentir enferma.

- Toma agua o un té débil con un poco de azúcar si has estado vomitando. Esto le regresa al cuerpo un poco del líquido que ha perdido.

- Toma tus vitaminas con las comidas. Éstas pueden afectar tu estómago si éste está vacío.

Llama a tu médico o enfermera partera entre los exámenes si vomitas todos los días.

Romper los hábitos

Sabes que el fumar, tomar alcohol o usar drogas pueden afectar a tu bebé. ¿Se te está haciendo difícil el dejar de usar alguno de estos?

Hay maneras de romper estas fuertes adicciones. Habla con tu proveedor de cuidado médico acerca de las maneras de dejarlas. Puede que tu plan médico o proveedor de cuidado médico ofrezcan programas para ayudar a las personas a dejar de fumar. Tu médico o enfermera partera también puede ayudarte a recibir asesoría para las drogas o el alcohol.

Dientes y encías saludables

Las infecciones de las encías pueden afectar la salud de tu bebé aumentando el riesgo de un parto prematuro. Recibe un examen dental temprano en el embarazo. Mantén tus dientes y encías saludables cepillándote y limpiando tus dientes con hilo dental diariamente.

Los cambios en el estado de ánimo son normales

¿Por qué me siento feliz un minuto y triste el próximo?

En los primeros tres meses, es probable que tengas fuertes sentimientos de tristeza y alegría. Esto te puede sorprender, pero es normal. Las hormonas en tu cuerpo cambian durante el embarazo. Esto puede causar estos sentimientos. El estado de ánimo de la mayoría de las mujeres se estabiliza luego del primer trimestre.

Puede que tengas temor o preocupaciones acerca del parto o por la salud de tu bebé. Estos pensamientos también son normales. El aprender más probablemente te hará sentir con menos miedo.

- ¿Estás preocupada acerca de la salud de tu bebé? Aprende más acerca de los riesgos reales y qué puedes hacer al respecto para mucho de ellos.

- ¿Estás preocupada acerca de cómo será el parto? Una clase de parto ayudará a contestar tus preguntas. También puedes leer libros y panfletos. (Ve la lista de libros al final de este libro.)

- ¿Estás preocupada acerca del ser madre? Aprende ahora de cómo cuidar a tu bebé. Quizás puedas practicar cuidando el bebé de una amiga.

Aprende a hacer cosas para sentirte mejor:

- Aprende a cocinar recetas nuevas y saludables.

- Toma una caminata todos los días. Hazla con una amiga para que puedas hablar mientras caminas.

- Trata de aprender algo nuevo, como tejer. Podrías hacer un sombrerito para tu bebé.

- Haz algo bueno por alguien, como cuidar los niños para una amiga o visitar a un vecino anciano.

- Ten una noche sólo para mujeres con tus amigas para ver una película graciosa.

- Habla acerca de tus sentimientos o llora cuando te sientas deprimida.

Hablar con alguien acerca de tus sentimientos

¡El hablar con alguien quien se preocupa por ti frecuentemente te ayuda a sentirte mejor! Esta persona puede ser el padre de tu bebé, tu madre, tu hermana o tu mejor amiga. Escoge personas que de veras te escucharán. Éstas te ayudarán más que aquellas personas que tratarán de decirte qué hacer.

¿A quién te gustaría decirle cuando te sientes molesta?

1. _____

2. _____

3. _____

¿Cómo te sientes ahora?

_____
_____
_____
_____
_____

¿Qué preocupaciones tienes?

_____
_____
_____
_____
_____

¿Qué te hace sentir feliz ahora?

_____
_____
_____
_____
_____

¿Debo decirle a mi médico o enfermera partera?

Sí. Estas personas quieren saber acerca de tus estados de ánimo y tus preocupaciones. Asegúrate de llamar si te sientes de esta forma por más de dos semanas:

- Muy triste o vacía
- Incapaz de dormir o durmiendo todo el día
- Sin apetito o comiendo todo el tiempo

Aprende más acerca del embarazo y del cuidado de bebés

Puedes encontrar más información acerca del parto y del cuidado infantil en muchos lugares. Busca en el Capítulo 17 y busca en el Internet. Pide una lista de recursos locales en tu clínica. Verifica en tu biblioteca local, el departamento de salud o la oficina del programa WIC. Busca en las páginas de la comunidad al frente de la guía telefónica.

El hospital y el colegio comunitario local frecuentemente tienen clases acerca del embarazo y del cuidado de bebés. Puede que tengas que inscribirte con anticipación.

¿Cómo sabes si lo que aprendes está correcto? Conoce la fuente de la información que lees o escuchas. ¿Está el patrocinador (persona, autor del artículo o sitio web) calificado profesionalmente? Verifica cualquier información nueva con tu médico o enfermera partera antes de decidir cambiar lo que estás haciendo.

Tu tercer mes (10 a 13 semanas)

¿Cómo cambia mi cuerpo?

- Estás comenzando a aumentar de peso. Para el final de este mes probablemente habrás aumentado 2 a 5 libras (1 a 2 kilos) en total. Para estar más cómoda, pronto necesitarás ropa más grande.

- Para el final de este mes, puede que seas capaz de sentir tu útero. Presiona tus dedos contra tu vientre justo más arriba de tu hueso púbico. Sentirás algo redondo y duro como una naranja. Ésta es la parte superior de tu útero.

- Tus senos probablemente se sentirán muy pesados y pueden estar adoloridos. Esto es normal. Asegúrate de usar un sostén que se encaja bien.

- Puede que te estriñas más frecuentemente que antes de quedar embarazada. Come bastantes frutas, salvado y ciruelas para prevenir esto. Pregúntale a tu médico antes de tomar cualquier medicamento para el estreñimiento.

¿Cómo está creciendo mi bebé?

- Para el final de este mes, tu bebé medirá aproximadamente 4 pulgadas de largo (10 centímetros).
- Tu bebé pesará aproximadamente una onza y media (40 gramos) y ahora se conoce como un feto en lugar de embrión.
- Su corazón late muy rápido. El latido es suficientemente fuerte para que tu médico o enfermera partera lo escuche.
- Los dedos de las manos y de los pies están formados completamente.
- Los brazos y las piernas pueden moverse ahora. Tu bebé todavía es tan pequeño que no puedes sentir sus patadas.

¿Qué puedo hacer para mantenerme saludable?

- Come suficientes vegetales, frutas y panes de granos enteros.
- Toma tu vitamina prenatal diariamente.
- Toma bastante agua en lugar de refrescos dulces o de dieta. Para una bebida saludable, mezcla jugo de fruta con agua carbonatada.
- Para ejercitarte, camina tanto como sea posible en lugar de ir en auto. Toma las escaleras en lugar del elevador para subir uno o dos pisos.
- Mantente fuera de las habitaciones llenas de humo. Pídele a tus amigos que fuman que no lo hagan dentro de tu hogar o de tu auto.

Preguntas para hacer en el próximo examen

- ¿Qué puedo hacer si estoy estreñida?
- ¿Por qué me siento tan feliz un día y tan triste el próximo?
- ¿Estoy aumentando suficiente peso?
- ¿Cómo sabré si voy a tener gemelos?
- Tengo problemas dejando de fumar. ¿Qué puede facilitar el dejarlo?

Otras preguntas que tengo:

1. _____

2. _____

3. _____

Mi examen de los tres meses

Luego de la primera visita, la mayoría de los exámenes probablemente serán simples y cortos. Se medirá tu peso, la presión sanguínea y el tamaño de tu útero. Se te pedirá que proveas una muestra de orina. Tu proveedor verificará los latidos del corazón de tu bebé. (Pronto podrás escucharlo también.) Asegúrate de hacer las preguntas que tengas.

Ultrasonido: Una herramienta para ver el feto dentro del útero. Las imágenes aparecen en una pantalla.

En algunas visitas, puede que te hagan algunas pruebas, tales como ultrasonido*, para ver cómo crece el bebé. El ultrasonido mostrará cómo las partes del cuerpo del bebé se están desarrollando y posiblemente el sexo del feto. (Infórmale a tu proveedor de cuidado médico si deseas conocer el sexo de tu bebé antes del nacimiento.) Deberías poder ver a tu bebé en la pantalla del ultrasonido.

En esta fecha, _____, tuve mi cita de los tres meses.

Tengo ____ semanas de embarazo.

Ahora peso ____ libras.

He aumentado ____ libras desde mi último examen.

Mi presión sanguínea es _____.

Cosas que aprendí hoy

1. _____
   _____
   _____

2. _____
   _____
   _____

3. _____
   _____
   _____

Mi próximo examen será

El _____ de _____, a las ____:____.

      (dia)   *(mes)*   *(hora)*

¿Tengo que "comer por dos"?

No necesitas comer el doble de lo que comías antes de quedar embarazada. La mayoría de las mujeres necesitan comer solo un poco más de lo normal. Lo importante es comer alimentos saludables para que tú y tu bebé por nacer reciban la mejor nutrición posible.

¿Aumentaré mucho de peso?

Es saludable aumentar de peso mientras estás embarazada. Mira la tabla en la siguiente página. Puedes ver que muchas partes de tu cuerpo se vuelven más pesadas a medida que pasan los meses. Tu cuerpo cambia para hacer crecer a tu bebé y prepararse para el parto. La mayoría de las mujeres pierden el peso después que sus bebés nacen.

El aumentar muy poco peso puede causar un parto prematuro. El bebé puede ser pequeño al nacer, lo cual también puede causar problemas de salud. Sin embargo, el aumentar demasiado de peso no es saludable tampoco. Si estás muy sobrepeso cuando quedas embarazada, habla con tu médico o enfermera partera.

¡Éste no es el momento para estar a dieta! Si limitas los alimentos saludables que comes, también limitas los alimentos de tu bebé. También, las píldoras para dietas son medicamentos que podrían ser especialmente perjudiciales para un bebé por nacer.

¿Tienes miedo de aumentar de peso? ¿Frecuentemente estás a dieta o te haces vomitar para mantenerte delgada? Estos hábitos podrían hacerte daño a ti y a la salud de tu bebé. Puedes recibir ayuda si discutes este problema con tu médico o enfermera partera.

¿Cuánto aumento de peso es saludable?

Cuanto es mejor para ti depende de tu peso antes de quedar embarazada. Habla con tu médico o enfermera partera acerca de cuánto aumento de peso es saludable para ti. Limita tus alimentos solamente si el proveedor de cuidado médico te lo pide.

Un aumento de peso saludable para las mujeres de peso normal sería entre 20 a 34 libras (9 a 15 kilos). Si estás muy delgada, deberías aumentar más. Si estás más pesada que el promedio, deberías aumentar menos. Si estás sobrepeso, puede que tu médico quiera que aumentes tan poco como 10 libras (4.5 kilos). Si estás embarazada con gemelos, puedes esperar aumentar más (40 o más libras).

No solo estás aumentado el peso de tu bebé. Muchas partes de tu cuerpo aumentarán de peso a medida que progresa tu embarazo. El cuadro de abajo muestra cuanto peso aumentarán las partes de tu cuerpo.

Aumento de peso durante el embarazo

Partes del cuerpo	Peso al momento del parto (promedio)
Tu bebé	6 a 9 libras (2.5 a 4 kilos)
Útero y líquido amniótico—donde crece tu bebé	4 libras (2 kilos)
Placenta—conecta a la madre y el bebé	2 libras (1 kilo)
Senos—se preparan	1 a 4 libras (1/2 a 2 kilos)
Sangre adicional en tu cuerpo	4 a 5 libras (2 a 2.5 kilos)
Grasa—energía almacenada para el parto y la lactancia	4 a 6 libras (2 a 2.5 kilos)
Total	**21 a 30 libras (10 a 14 kilos)**

Problemas de peso en las adolescentes

Si eres una adolescente, recuerda que tu cuerpo aún está creciendo. Es muy importante comer suficiente para tu propio crecimiento y el del bebé. Tu médico o enfermera partera te ayudarán a entender cuánto aumento de peso es correcto para tu edad.

Limita la comida chatarra que es tan fácil de comprar y preparar. Esto puede arruinar tu apetito para los alimentos nutritivos que tú y tu bebé necesitan.

Continuar con tus hábitos saludables

¿Cómo vas? Probablemente has hecho algunos grandes cambios en tu vida y en tus actividades. Muchas mujeres embarazadas deben trabajar fuertemente para cambiar cómo comen, duermen o hacen ejercicios.

Es difícil romper con los viejos hábitos. Éstos pueden ser comer muchas papas fritas o barras de chocolate o hábitos más serios como el fumar, tomar alcohol, usar drogas o no hacer ejercicios. ¿Cuántas de estas cosas han sido difíciles para ti?

¿Cuáles han sido las cosas más difíciles de cambiar?

_____

_____

¿Qué ha sido lo más fácil de cambiar?

_____

_____

¿Quién te ha ayudado más en hacer estos cambios?

_____

_____

¿Con cuáles hábitos saludables aún estás trabajando?

_____

_____

_____

_____

_____

_____

¿Te gustaría obtener ayudar?

Si necesitas ayuda para comenzar los hábitos saludables, pídela. El padre de tu bebé, tus amigos y tu familia querrán ayudarte. Ellos no siempre saben qué necesitas a menos que tú le digas.

Señales de una emergencia

Conoce cómo alcanzar a tu médico o enfermera partera. Llama inmediatamente—día o noche—si cualquiera de estas cosas ocurre:

- Sangrado de tu vagina
- Calambres dolorosos en tu vientre o en tu espalda
- Dolores de cabeza fuertes, mareos o problemas de visión
- Fiebre o escalofríos
- Hinchazón de las manos, los pies o la cara
- Área dolorosa y enrojecida en una pierna o dolor al caminar
- Rápido aumento de peso
- Reducción en la actividad de tu feto (más tarde en el embarazo esto podría significar un problema con el feto—ve el Capítulo 9)

Preocupaciones comunes

¿Vas a tener gemelos?

Se pueden hacer pruebas para verificar el número de embriones temprano en un embarazo. Si tienes un embarazo "múltiple", hay ciertos riesgos adicionales. Tu proveedor de cuidado médico hablará contigo acerca del cuidado especial que necesitarás. Con buen cuidado y hábitos saludables, es muy probable que tengas bebés saludables.

Puede que:

- Aumentes más peso que con un solo bebé
- Necesites más descanso (acostarte sobre tu lado izquierdo es mejor)
- Tengas exámenes más frecuentes más tarde en el embarazo
- Tengas un parto prematuro (ve el Capítulo 8)
- Necesites una cesárea

¿Puedo perder a mi bebé por nacer?

Muchos embarazos terminan naturalmente durante los primeros tres meses. A veces ocurre durante el cuarto o quinto mes. Esto se llama un aborto espontáneo.

Un aborto espontáneo temprano generalmente ocurre cuando hay algo seriamente mal con el embrión o el feto. Un problema con la salud de la madre (una infección, la condición del útero o la placenta o una lesión seria) también podría causar un aborto espontáneo. Puede que nunca conozcas por qué sucedió. Los abortos espontáneos no son causados por algo que la mujer hace normalmente, tal como trabajar fuerte o tener relaciones sexuales.

Las señales de que está comenzando un aborto espontáneo son sangrado, calambres o dolor de espalda. Es importante hablar con tu proveedor si comienzas a tener algunas de estas señales. La mayoría de los abortos espontáneos no pueden detenerse..

Cuando ocurre un aborto espontáneo en las primeras semanas del embarazo, puede parecer como un periodo menstrual tardío y con flujo profuso. Si ocurre más tarde, generalmente hay sangrado profuso y calambres muy dolorosos.

Después de un aborto espontáneo, tu proveedor de cuidado médico deberá examinar tu útero. Es importante asegurarse que no quede adentro ninguna parte del embrión (o feto) ni de la placenta

Los padres en espera frecuentemente se sienten muy apenados por semanas o meses después de un aborto espontáneo. Si has perdido un bebé por nacer, estos sentimientos son muy naturales. Puede que otros no entiendan tu tristeza, especialmente si el aborto ocurrió temprano. Generalmente, es útil hablar con otras que han tenido abortos o leer acerca de la pérdida de un embarazo.

Después que tu útero sana, tienes una buena oportunidad de quedar embarazada otra vez y de tener un embarazo normal. Habla con tu médico o enfermera partera acerca de cualquier problema en tu cuerpo que haya podido haber causado el aborto espontáneo. Pregúntale cuán pronto puedes intentar nuevamente y si necesitas prepararte de alguna manera. Mientras tanto, asegúrate de mantener a tu cuerpo saludable (ve el Capítulo 1).

¿Mi bebé puede tener un defecto congénito?

Un número pequeño de bebés nacen con defectos congénitos (problemas de salud que comienzan antes o durante el nacimiento). Algunos defectos son serios, pero otros no lo son. Algunos pueden hallarse antes del parto pero otros no.

¿Algún familiar tuyo tiene un defecto congénito? Si es así, es una buena idea hablar con un consejero genético tan pronto como sea posible.

Causas de los defectos congénitos

- Un problema de salud de la madre. (Ejemplo: Si una madre tiene rubéola alemana temprano en el embarazo, su bebé puede tener problemas de audición, del corazón y de visión.)

- Algo entra en el cuerpo de la madre y le hace daño al feto (Ejemplo: El alcohol puede causar defectos severos en el cerebro y en el cuerpo.)

- Un problema que ocurre durante el parto. (Ejemplo: Muy poco oxígeno para el bebé durante el parto puede causar daño cerebral.)

- Un defecto "genético" causado por problemas en los genes de los padres. (Ejemplo: La anemia de células falciformes es una enfermedad genética que puede ser pasada de un padre al niño.)

- Causas desconocidas.

*Amniocéntesis: Una prueba del líquido dentro del saco amniótico que muestra ciertas cosas acerca de la salud de tu bebé por nacer

Algunos defectos aparecen en el ultrasonido, en análisis de sangre o en una amniocéntesis*. Si las pruebas muestran un posible problema, se harán otras pruebas. Tu proveedor de cuidado médico hablará contigo y con tu pareja acerca de qué hacer y podría referirte a un especialista.

Pregúntale a tu proveedor de cuidado médico o consejero genético acerca de cuáles pruebas serían útiles para ti. Aprende acerca de estas pruebas para que puedas decidir si las quieres. Si tu bebé por nacer tiene un defecto, frecuentemente es útil saberlo temprano. Tú y tu proveedor de cuidado médico pueden prepararse para darle el mejor cuidado para tu bebé

Verifica con tu póliza o la oficina de beneficios de tu seguro médico para hallar qué servicios genéticos están cubiertos.

Capítulo 8

Segundo trimestre:
Meses 4, 5 y 6

Semanas 14 a 27

Durante el segundo trimestre, la mayoría de las mujeres se sienten mejor que en los primeros tres meses. Tu cuerpo está acostumbrándose a tener una vida nueva creciendo dentro de él. Tú te estás acostumbrando a la idea de ser una madre

Este trimestre es un tiempo cuando tu cuerpo comenzará a cambiar de forma. El ejercicio se vuelve más y más importante.

Para los seis meses, comenzarás a planificar el nacimiento de tu bebé. Vuelve a ver el Capítulo 6. Durante este tiempo, puedes comenzar a aprender acerca del cuidado del bebé. Éste es un buen momento para comenzar a recopilar la ropa y otras cosas que tu bebé necesitará.

Este capítulo incluye:

Mes 4, página 92

- Ejercicios (inclinación pélvica, kegel, estiramientos)
- Sexo durante el embarazo

Mes 5, página 98

- Prevenir el estreñimiento
- Señales de parto prematuro, página 101

Mes 6, página 103

A medida que tu cuerpo comienza a cambiar de forma, el padre de tu bebé puede volverse más interesado en tu embarazo. Comparte este libro con él. Invítalo a ir contigo a tus exámenes.

Recuerda: Cada examen prenatal es importante. Si faltas a uno, llama inmediatamente y fija otra fecha

Tu cuarto mes (14 a 18 semanas)

¿Cómo cambia mi cuerpo?

- Estas comenzando a aumentar de peso más rápidamente y aumentarás alrededor de 1 libra (medio kilo) cada semana de ahora en adelante.
- Tus senos aún están grandes, pero pueden estar menos delicados.
- Puede que no tengas que orinar tan frecuentemente como en los pasados meses.
- Si tenias nauseas matutinas, puede que disfrutes comer nuevamente.
- Puedes tener más energía nuevamente.

¿Cómo crece mi bebé?

- Al final de este mes, tu bebé por nacer medirá hasta 7 pulgadas (18 centímetros) de largo. Ella pesará alrededor de tres cuartos de una libra (340 gramos).
- Un pelo suave, llamado "lanugo", crece en su cuerpo. Aparecen las pestañas y las cejas.
- Ella podrá chupar y tragar.
- Ella se moverá suficiente para que puedas sentir patadas pequeñas. Éstas pueden sentirse como vibraciones o el rumor de gas.

¿Qué puedo hacer para mantenerme saludable?

- Asiste a tus exámenes regulares
- Aléjate de los cigarrillos, los lugares llenos de humo, el alcohol o cualquier otra droga.
- Toma una caminata de media hora cada día o cada dos días. Para el mejor ejercicio cuando caminas, camina rápido y mueve tus brazos. Usa zapatos deportivos lisos y acojinados.
- Toma ocho vasos de agua todos los días.

- Ten alimentos saludables en tu cocina para comer cuando tengas ganas de un bocadillo.
- Toma solamente las vitaminas o medicamentos que tu médico o enfermera partera te ha dicho que tomes. Toma el número correcto cada día.

Preguntas a hacer en mi próximo examen

- ¿Mi presión sanguínea está normal?
- ¿Puedo seguir practicando deportes y haciendo ejercicios?
- No he sentido mi bebé moverse todavía. ¿Cómo sé si está bien?
- Si he tenido una cesárea anteriormente, ¿tengo que tener una esta vez?

Otras preguntas que tengo:

1. _____

   _____

2. _____

   _____

Mi examen de los cuatro meses

En esta fecha, _____, tuve mi cita de los cuatro meses.

Tengo ____ semanas de embarazo.

Ahora peso ____ libras.

He aumentado ____ libras desde mi último examen.

He aumentado ____ libras desde que quedé embarazada.

Mi presión sanguínea es _____.

Cosas que aprendí hoy

1. _____

   _____

2. _____

   _____

Mi próximo examen será

El _____ de _____, a las ___:___.
   (dia)   (mes)   (hora)

Bocadillos deliciosos y saludables

- **Frutas frescas**—naranjas, manzanas, melocotones (duraznos) o papaya con yogur libre de grasa encima
- **Frutas secas**—pasas, albaricoques o ciruelas mezcladas con semillas de calabazas tostadas, cacahuetes o almendras
- **Vegetales crudos**—zanahorias, tomates o brócoli sumergidos en un poco de aderezo para ensaladas
- **Palomitas de maíz**—sin aceite

¿Qué puedo hacer acerca de la acidez?

Un sentimiento doloroso en el centro de tu pecho (acidez) después de comer es común en el embarazo. Ésta es causada por el reflujo del ácido hacia el tubo que va de tu boca a tu estómago. Trata estos consejos:

- Come comidas más pequeñas más frecuentemente.
- Mastica bien la comida..
- Deja de comer cualquier alimento que empeora tu acidez.
- Come varias horas antes de acostarte a dormir y acuéstate con tu cabeza y pecho levantados aproximadamente seis pulgadas.
- Usa ropa que son sueltas alrededor de tu cintura.

Si estas cosas no funcionan, pregúntale a tu proveedor qué medicamentos puedes tomar con seguridad para hacerte sentir mejor.

Piernas hinchadas

¿Se te hinchan las piernas y los pies cuando estas de pie por mucho tiempo? Trata de:

- Usar medias de soporte,
- Levantar tus pies cuando estás sentada,
- Moverte frecuentemente,
- Quedarte de pie con un pie sobre un taburete o una caja,
- Usar zapatos lisos que tienen bastante espacio para tus dedos de los pies,
- Comer menos alimentos salados y tomar menos gaseosas de dieta.

Ponte en forma para el embarazo

Estos ejercicios ayudan a tu cuerpo a mantenerse fuerte a través de toda tu vida

1. El "apretón de Kegel" ayuda a los músculos del parto

Este ejercicio (nombrado por un Doctor Kegel) fortalece los músculos alrededor de la abertura de tu vagina. Estos músculos sostienen a tu útero en crecimiento. Este ejercicio también ayuda a mantener a tu vagina y vejiga en su lugar a medida que envejeces.

Una manera fácil de aprender este ejercicio es mientras estás orinando en el inodoro. Aquí es como:

- Aprieta tus músculos vaginales para detener o reducir el flujo de la orina. Trata de **no** apretar los músculos de tu estómago o de tus glúteos

- Apriétalos mientras cuentas 1–2–3–4–5

- Relájate y luego aprieta nuevamente. (Después que sepas cómo se siente este ejercicio, no necesitas hacerlo mientras estás en el inodoro.)

Puedes hacer el apretón de Kegel en cualquier lugar. Trata de hacerlo mientras estás parada en el fregadero de la cocina o esperas por el autobús. Practícalo hasta que puedas hacerlo 25 veces, tres o cuatro veces al día.

2. "La "inclinación pélvica" reduce el dolor de la espalda baja

Fortalece los músculos del estómago (ve las ilustraciones) para ayudar a prevenir el dolor de la espalda baja.

- Descansa sobre tus manos y rodillas con tu espalda derecha. Inhala y relaja tu espalda.

- Exhala, aprieta los músculos de tu estómago y mete tus glúteos debajo de ti. Tu espalda se arqueará. Cuanta hasta cinco. Luego inhala nuevamente y relaja tu estómago.

- Ahora inténtalo de pie. Aprieta tu estómago y mete tus glúteos hacia adentro. Repite esto tan frecuentemente como sea posible cada día.

Inclinación pélvica: Tu pelvis se inclina hacia arriba cuando arqueas tu espalda y metes tus glúteos. Se inclina hacia abajo cuando te relajas.

Haz cuclillas aguantándote de una silla para balance.

Para más estiramiento mientras estés sentada en el piso, une tus pies.

3. Hacer cuclillas y sentarse con las piernas cruzadas

Estas dos maneras de sentarte sueltan tus caderas y las articulaciones de tus huesos pélvicos. Éstas también estiran la parte interna de tus mulsos. **Ambas pueden ayudarte con el dolor de la espalda baja ahora. También ayudarán cuando estés pujando a tu bebé.**

- Para las cuclillas, comienza con los pies separados. Aguántate de una silla para que no te caigas. Ponte de cuclillas, manteniendo tus talones sobre el suelo, si es posible. (No trates esto si tienes problemas de las rodillas.)

- Siéntate con las piernas cruzadas sobre el suelo. Separa tus rodillas y cruza tus tobillos. Para más estiramiento, une las plantas de tus pies.

4. Pararse derecha

El pararte con tu espalda muy derecha puede reducir el dolor de la espalda baja. También ayuda a que te veas más delgada y a que te sientas bien acerca de ti misma. Para ver como se ve esto, hazlo de frente a un espejo largo.

- Párate descalza al lado del espejo. Mete tu quijada hacia adentro y levanta tu cabeza.

- Baja tus hombros y échalos hacia atrás. Mete tu barriga hacia adentro y mete tus glúteos. Esto es como hacer la Inclinación pélvica.

Observa cómo tu barriga y tus glúteos se ven más pequeños. Siente cómo tus músculos funcionan juntos. Practica el quedarte de pie y el caminar de esta manera. Pronto se convertirá un hábito.

Aprender a levantar con tus piernas

Te ayudará grandemente si siempre puedes hacer cuclillas para levantar cosas pesadas. Esto salva a tu espalda de mucho esfuerzo durante el embarazo. También será importante cuando tengas un bebé. Cuando él comience a jugar en el suelo, frecuentemente necesitarás levantarlo del suelo.

La manera correcta de levantar cosas.

La manera incorrecta de levantar cosas.

Mantener el sentimiento amoroso durante el embarazo

Ustedes ambos pueden hallar que su disfrute del sexo está cambiando. A medida que tu vientre crece más, las relaciones sexuales pueden volverse menos deleitables. Sin embargo, algunas mujeres las hallan más emocionantes. Tu pareja también puede tener sentimientos sexuales diferentes.

Puedes intentar nuevas maneras de disfrutar de las relaciones sexuales. Infórmale a tu pareja cuáles posiciones se sienten mejor ahora. Inténtalo acostada de lado, con tu pareja detrás de ti. Muchas mujeres hallan esta posición la más fácil a medida que su barriga se vuelve más grande.

Hay muchas maneras de disfrutar el estar juntos. Habla acerca del tipo de contacto que se siente bien para ti. A veces, sólo el estar cerca y el sostenerse mutuamente puede ser suficiente. Éste es un tiempo importante para hablar acerca de lo que estás pensando y sintiendo. Recuerda que te sentirás más atractiva sexualmente después que sanes del dar a luz.

El tener relaciones sexuales no le hará daño a tu bebé si tu embarazo es normal. Esto no hará que el parto comience. A veces, sin embargo, el médico o la enfermera partera puede decirte que no tengas relaciones. El sexo podría ser perjudicial para la salud del bebé si tienes sangrado o después que tu bolsa de aguas se haya roto.

Si cualquier sangre o agua sale de tu vagina, detén las relaciones. Llama a tu médico o enfermera partera inmediatamente.

Sigue siendo importante protegerte de las enfermedades de transmisión sexual. Ambas personas deben recibir tratamiento si cualquiera de ellas tiene una enfermedad de transmisión sexual. Es esencial para la salud de un bebé por nacer.

Senos adoloridos

A medida que tus senos crecen más y se vuelven más pesados pueden comenzar a doler. Un sostén firme que se te ajusta bien los mantendrá tan cómodos como sea posible. Querrás usar un sostén para dormir también.

Tu quinto mes (19 a 23 semanas)

¿Cómo cambia mi cuerpo?

- Ahora estarás aumentando alrededor de 3 a 4 libras (1.5 a 2 kilos) cada mes.
- La parte superior de tu útero puede estar al nivel de tu ombligo.
- La piel de tu cara puede comenzar a tener manchas claras u oscuras. Puedes tener una línea oscura por el centro de tu barriga. Estos cambios desaparecerán después del embarazo.
- Probablemente tendrás bastante energía y te sientas muy bien este mes.

¿Cómo crece mi bebé?

- Al final de este mes, tu bebé por nacer medirá hasta 12 pulgadas (30 centímetros) de largo. Él es más de la mitad del largo de un bebé recién nacido.
- Él pesará casi una libra y media (casi 700 gramos). Esto es casi tanto como una barra de pan (24 onzas).
- Su piel es muy arrugada. Una capa blanca gruesa, llamada "vernix" lo cubre.
- Él se mueve lo suficiente ahora para que sientas sus patadas fácilmente. Él no se mueve todo el tiempo.
- Le está comenzando a crecer el cabello en su cabeza.

¿Qué puedo hacer para mantenerme saludable?

- Asiste a tus exámenes regulares.
- Continúa manteniéndote lejos de los cigarrillos, el alcohol, las drogas o el humo de segunda mano.
- Camina en diferentes lugares (en el centro comercial o en el parque) para que no te aburras. Invita a una amiga.
- Asegúrate de tomar ocho vasos de líquidos diariamente.
- Come bastantes alimentos saludables, como vegetales, frijoles, panes de granos enteros y yogur. Ahorra los dulces para tus antojos.
- Toma vitaminas prenatales cada día.

Preguntas a hacer

- ¿Mi bebé está creciendo bien?
- ¿Mi trabajo puede ser perjudicial para mi bebé?
- ¿Hay alguna posibilidad de que vaya a tener gemelos?
- ¿Dónde puedo encontrar una buena clase de partos?
- ¿Por cuánto tiempo más debo seguir trabajando?
- ¿Mi presión sanguínea está normal?
- ¿Qué puedo hacer acerca de las venas varicosas?

Otras preguntas que tengo:

1. _____

   _____

2. _____

   _____

Mi examen de los cinco meses

En esta fecha, _____, tuve mi cita de los cinco meses.

Tengo ____ semanas de embarazo.

Ahora peso ____ libras.

He aumentado ____ libras desde mi último examen.

Mi presión sanguínea es _____.

Cosas que aprendí hoy

1. _____

   _____

2. _____

   _____

3. _____

   _____

Mi próximo examen será

El _____ de _____, a las ___:___.
    (dia)   (mes)   (hora)

Contracciones de Braxton Hicks

Comenzarás a sentir que tu útero se vuelve duro por unos momentos y luego se relaja. Éstas son contracciones de Braxton Hicks. Las mismas no causan dolor y pueden ocurrir en cualquier momento—cercanas unas de otras o bien separadas. Estas contracciones ocurren más en los últimos meses del embarazo. Esto no es algo de qué preocuparte. Tu útero se está preparando para el parto.

Cuando el parto comienza muy temprano

A veces el parto real comienza antes de las 37 semanas. Esto se llama parto prematuro. Frecuentemente el parto prematuro puede detenerse para darle más tiempo al bebé para crecer dentro del vientre.

Cada día adicional que el bebé pasa dentro del útero lo ayuda a estar más listo para la vida de afuera. Un bebé que nace muy temprano puede tener problemas de salud. Algunos bebés nacidos tan temprano como a las 24 semanas pueden sobrevivir, pero sólo con mucho cuidado especial.

Es importante saber las señales del parto prematuro. Estas señales no siempre significan que ha comenzado un parto prematuro. Sin embargo, es mejor llamar a tu proveedor de cuidado médico si crees que necesitas cuidado especial.

Toma acción inmediatamente. Puede que tu médico o enfermera partera quiera que vayas inmediatamente al consultorio o al hospital. O puede que ella te pida que descanses por una hora primero, acostándote sobre tu lado izquierdo. Ella puede querer que tomes dos o tres vasos de agua o jugo. A veces estas cosas son suficientes para detener las contracciones.

Algunas mujeres son más probables que otras de tener un parto prematuro. Asegúrate de hablar con tu médico o enfermera partera inmediatamente si tienes:

- Gemelos o un embarazo múltiple
- Estrés fuera de lo normal
- Enfermedad de las encías
- Enfermedad vaginal (clamidia, vaginosis bacteriana)

Señales de advertencia del embarazo prematuro

Llama a tu proveedor inmediatamente si tienes algunas de estas señales:

- Sangrado o un líquido rosado o color café que sale de tu vagina
- Pérdida del tapón mucoso o agua clara que sale de la vagina
- Contracciones cada 10 minutos o menos, o calambres como los de durante tu periodo menstrual
- Dolor en la espalda baja que puede ser constante o pulsante
- Sentimiento pesado en tu pelvis y el área vaginal, como si el bebé se fuera a caer
- Endurecimiento o estrechez anormal de tu vientre
- Un sentimiento general de que algo anda mal

¿Qué puedo hacer acerca del estreñimiento?

Es más fácil mantener tus defecaciones blandas que arreglar el estreñimiento. Aquí tienes algunas maneras de asegurar que no te estriñas.

- Haz ejercicio diariamente.
- Toma 8 a 10 vasos grandes de líquidos diariamente; la mitad debería ser agua.
- Come alimentos con bastante fibra, tal como frutas y vegetales, arroz integral y pan y cereal de granos enteros.
- Come unas cuantas ciruelas pasas antes de acostarte cada noche.

Si te estriñes frecuentemente, come más ciruelas o toma jugo de ciruelas tibio. Pregúntale a tu médico o enfermera partera si necesitas un ablandador fecal.

Cubierta de pezón

Forma de los pezones para la lactancia

Los pezones de algunas mujeres sobresalen naturalmente más que los de otras. Todos funcionarán para la lactancia. Si los tuyos se ven lisos, trata de apretarlos alrededor del borde de la aureola (el área oscura). Si no sobresalen más cuando los aprietas, están invertidos. Habla con tu proveedor de cuidado médico acerca de tus pezones si estás preocupada.

Puede que sobresalgan más a medida que el embarazo progresa. Si no, podrías considerar usar cubiertas para los senos (ilustración de abajo). Úsalos sobre tus pezones dentro de tu sostén. La cubierta presiona contra la base del pezón, empujando el pezón hacia fuera. Haz esto por varias horas durante los últimos meses del embarazo. Las cubiertas para los pezones pueden encontrarse donde se venden artículos de lactancia.

Después del parto, un consejero de lactancia puede ayudarte si tu bebé no se engancha fácilmente. Tu bebé necesita chupar la aureola (la parte oscura alrededor del pezón) no solamente el pezón. Una vez que tu bebé chupe bien, tus pezones deberían mantenerse fuera.

Especialmente para el padre

Prepararte para el nacimiento del bebé

¡Muéstrale esta página al padre de tu bebé, si él no ha leído todo el libro!

Papá, tu eres esencial para la vida, el nacimiento y el crecimiento de tu bebé por nacer. Aquí tienes algunas cosas que puedes hacer mientras esperas por el nacimiento.

- Siente los movimientos de tu bebé por nacer colocando tu mano sobre la barriga de tu pareja.

- Habla con tu bebé acerca de las cosas que harás con él después del nacimiento.

- Asiste a los exámenes con tu pareja.

- Asiste a las clases de parto y practica los ejercicios de respiración con ella entre las clases.

- Ayúdala a escoger el asiento de auto para el bebé. Aprende a cómo usarlos. (Ve los Capítulos 6 y 14.) Lee las instrucciones y practica instalarlo en el auto. Ésta es la manera más importante de mantener a tu bebé seguro.

- Habla acerca de nombres que te gustarían para tu bebé.

- Si crees que no te gustaría ver el nacimiento, infórmalo. Podrías ayudar durante el trabajo de parto y salir de la habitación cuando comience el parto. Puedes ser un buen padre sin ver el nacimiento de tu bebé.

- El tener relaciones sexuales no le hará daño a tu bebé por nacer, si el embarazo de tu pareja va bien. Sin embargo, puede que ella no disfrute tener relaciones sexuales en las semanas antes y después del nacimiento. Habla con ella acerca de qué se siente bien para ella. Halla cuáles posiciones son cómodas para ella. Pregúntale que tipo de contacto le gustaría.

  No trates de tener relaciones si tu pareja está sangrando, ha roto su bolsa de aguas o está teniendo un parto prematuro. En cambio, llama al médico o a la enfermera partera.

Si te sientes excluido por tu pareja en este momento, infórmaselo. Puede que ella esté pensando acerca de su bebé por nacer la mayoría del tiempo. El hablar mutuamente acerca de cómo se sienten es un buen hábito.

Saca tiempo para hacer cosas que serán más difíciles después que nazca tu bebé. Visita amigos. Toma unos días libres para unas vacaciones. Ve al cine. ¡Duerme bastante!

Tu sexto mes (24 a 27 semanas)
¿Cómo cambia mi cuerpo?
- La parte superior de tu útero ahora está más arriba de tu ombligo.

- Puedes sentir contracciones a medida que los músculos de tu útero se aprietan y luego se relajan. Estas son contracciones normales llamadas "Braxton Hicks". Esto significa que tu útero está preparándose para el parto.

- Probablemente tendrás buen apetito ahora.

- Puede que te salgan estrías en tu barriga y en tus senos. Tu barriga puede picar a medida que tu piel se estira. (La loción puede ayudar a detener la picazón.) Tu ombligo puede sobresalirse.

- Puedes tener calambre en tus piernas durante la noche y tus tobillos pueden hincharse.

¿Cómo está creciendo mi bebé?

- Al final de este mes tu bebé medirá hasta 14 pulgadas (35 centímetros) de largo. Esto es aproximadamente el largo de tu brazo desde el codo hasta la punta de tus dedos. Ella está enrollada, con sus rodillas contra su pecho.

- Tu bebé pesará alrededor de 2 libras (casi 1 kilo). Esto es casi tanto como medio galón de leche.

- Sus ojos están casi completamente desarrollados. Ella puede abrir y cerrar sus párpados.

- Ella puede tener hipo y chuparse su dedo.

- La sentirás pateando.

¿Qué puedo hacer para mantenerme saludable?

- Continúa comiendo muchas clases de alimentos saludables. El pescado, el pollo, las lentejas, los frijoles, las frutas y los vegetales son importantes para el crecimiento de tu bebé.

- Mantente lejos de las personas que están fumando. Suspende el tomar cerveza o vino hasta después que hayas acabado con el parto y la lactancia.

- Inscríbete en una clase de parto.

- Únete a un grupo de ejercicios prenatales si se te hace difícil hacer ejercicio por tu cuenta.

- Saca tiempo para disfrutar con tus amigas antes que llegue el bebé. Puedes planificar un picnic en el parque, una película o una calmada cena juntas.

- Acuérdate de abrocharte bien el cinturón de seguridad cuando manejes tu auto o viajes con otros. Empuja el cinturón debajo de tu barriga y apriétalo bien. Mantén el cinturón del hombro pegado a tu torso.

Preguntas a hacer en mi próximo examen

- ¿Hay alguna razón para no intentar la lactancia?
- ¿Es probable que tenga un parto prematuro?
- ¿Por qué siento mi bebé moverse mucho algunos días y menos en otros?
- ¿Cómo sé si estoy ejercitándome los suficiente?
- ¿Mis pezones están listos para la lactancia?

Otras preguntas que tengo:

1. _____

_____

2. _____

_____

Mi examen de los seis meses

En esta fecha, _____,tuve mi cita de los seis meses.

Tengo ____ semanas de embarazo.

Peso ____ libras.

He aumentado ____ libras desde mi último examen.

Mi presión sanguínea es _____.

Cosas que aprendí hoy

1. _____

_____

2. _____

_____

3. _____

_____

Mi próximo examen será

El _____ de _____, a las ____:____.

    (dia)   (mes)   (hora)

Diabetes durante el embarazo

Algunas mujeres padecen de diabetes mientras están embarazadas (llamada diabetes gestacional). Ésta puede causar problemas serios tanto para la madre como para el bebé. La mayoría de los proveedores dan una prueba para esta condición aproximadamente a las 26 semanas. Si la tienes, puedes aprender a controlarla. La diabetes gestacional generalmente desaparece después del parto.

Para las madres que son Rh negativo

Tu proveedor de cuidado médico te dirá si tu sangre es Rh negativa. Esto significa que tu sangre no tiene una sustancia llamada el factor Rh (Rhesus). Necesitarás cuidado especial durante el embarazo si tu bebé tiene el factor Rh. Si lo necesitas, tu médico puede darte una sustancia especial (Rhogam) alrededor de las 28 semanas. Pregunta si necesitas este tratamiento.

Hablar con tu bebé

"Los niños le dieron un apodo a nuestro bebé por nacer. Todos terminamos llamándolo 'Bobby' en lugar de 'bebé'."

Pronto tu bebé por nacer será capaz de escuchar los sonidos de afuera del útero. Él puede aprender el sonido de tu voz. Háblale acerca de cómo te estas preparando para este nacimiento.

Si tienes otros niños, diles acerca del bebé dentro de tu cuerpo. Déjalos sentir tu vientre cuando tu bebé se está moviendo. Invítalos a hablar con el bebé por nacer.

Capítulo 9

Tercer trimestre: Meses 7, 8 y 9

Semanas 28 a 40

Tu tercer trimestre (meses 7, 8 y 9) está comenzando. Tu embarazo casi se acaba. Haz hecho mucho para ayudar a tu bebé a estar saludable. ¿Estás ansiosa para comenzar a ser mamá?

Tu cuerpo se ha estado preparando para el parto por meses. Si no lo has hecho, lee el Capítulo 10 y toma una clase de parto. Ocúpate de aprender acerca del cuidado infantil, también. No tendrás tiempo con un nuevo bebé en el hogar. Tu comunidad probablemente ofrece clases de cuidado infantil.

Muy importante: Revisa la página 101 (Capítulo 8) para asegurarte que conoces las señales del parto prematuro. Puede que estés cansada del embarazo, pero tu bebé necesita

Este capítulo incluye:

- Cómo sentirte cómoda

quedarse seguro adentro de tu útero por lo menos por 38 semanas. Llama a tu proveedor de cuidado médico inmediatamente si crees que tu parto está comenzando.

Cómo tu bebé en crecimiento afecta tu cuerpo

Muchos órganos son empujados fuera de su lugar a medida que tu bebé crece. Éstas son maneras normales en que tu cuerpo se sentirá diferente cuando el útero se hace más grande:

En los tres últimos meses, el bebé en crecimiento hace presión contra tus pulmones, estómago e intestinos.

- Cuando tu bebé hace presión contra los pulmones, te puedes sentir corta de respiración.

- Puede que a tu estómago y tus intestinos se les haga más difícil digerir los alimentos que comes. Las comidas más grandes pueden hacerte sentir incómoda.

- Tus defecaciones pueden ser más difíciles de excretar.

- Tu vejiga, la cual retiene la orina, será comprimida. Puede que tengas que orinar más frecuentemente.

- Tus senos se hincharán y te dolerán a medida que éstos se preparan para producir leche después del nacimiento.

Maneras de sentirte más cómoda

- Usa un sostén en la cama si tus senos te duelen y se sienten pesados.

- Acuéstate de lado, con almohadas apoyando tu vientre, entre tus piernas y detrás de tu espalda. Intenta diferentes posiciones con las almohadas para ver cuál se siente bien para ti.

- Siéntate en una silla recta. Para levantarte, muévete hasta el borde del asiento e inclínate hacia delante. Luego usa los músculos de tus piernas para levantarte.

- Trata de no quedarte sentada por mucho tiempo sin moverte. Mientras estás sentada, apunta los dedos de tus pies y rota tus pies para ayudar el flujo de sangre. Siéntate con tus pies elevados.

- Si tienes que mantenerte de pie por largos periodos de tiempo, usa zapatos cómodos con tacones bajos.

- Practica el pararte derecha con tu quijada hacia adentro, los músculos de tu barriga firmes y tus glúteos metidos hacia adentro. Intenta levantar un pie sobre un taburete bajo mientras estás de pie.

- Espera un rato después de comer antes de acostarte.
- Come varias comidas pequeñas en lugar de tres comidas grandes.
- Siéntate con las piernas cruzadas en el suelo para relajar tu espalda baja.
- Continúa haciendo los ejercicios del Capítulo 8.

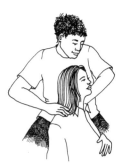

"Se siente muy bueno el que mi pareja me frote mis hombros."

Tu séptimo mes (28 a 32 semanas)

¿Cómo cambia mi cuerpo?

- Podrías aumentar otras 4 libras este mes.
- Tu protuberante vientre podría hacerte sentir un poco rara. Las articulaciones de tu cadera están soltándose y te pueden doler. Esto también puede hacerte sentir torpe. Puedes sentirte mareada cuando te pones de pie.
- Puedes sentir las patadas contra tus costillas. Puedes ver tu barriga abultarse a medida que tu bebé se mueve.
- Puedes sentirte muy caliente y puedes sudar más de lo normal. Usa ropa liviana y suelta para mantenerte fresca.
- Puede filtrarse colostro de tus senos.

¿Cómo crece mi bebé?

- Al final de este mes, tu bebé medirá hasta 16 pulgadas (41 centímetros) de largo. Ella pesará alrededor de 4 libras (casi 2 kilos).
- Su cabeza está bien formada. Ella tendría una buena posibilidad de sobrevivir si naciera ahora.
- Puedes sentir cuando tenga hipo. ¡Ella puede hasta chuparse su dedo!

Está alerta a las señales de parto prematuro. Esto es especialmente importante si vas a tener gemelos o múltiples.

Incluye a tus niños en tu embarazo

A medida que el parto se acerca, asegúrate de prestarles atención a tus otros niños. Habla acerca del bebé que viene. Lee algunos libros juntos acerca de los nuevos bebés. Dales una muñeca para que puedan tener su propio bebé. Todas

"Me di cuenta que mi bebé nacería en noviembre, así que decidí comprar todos los regalos de Navidad para mis niños temprano en el otoño. Fue estupendo haber terminado todo eso antes que naciera mi bebé."

Asegúrate que tus niños mayores sepan que tendrás suficiente amor para todos ellos.

estas cosas ayudarán a hacer que este gran cambio sea más natural. Déjalos saber que los seguirás amando después que nazca el bebé.

Si planeas mudarlos a otras habitaciones, hazlo varios meses antes que nazca el bebé. Puede que quieras comprar un abasto de ropa más grande para ellos para que no tengas que salir de compras muy a menudo con el nuevo bebé.

¿Qué puedo hacer para mantenerme saludable?

- Asiste a tus exámenes regulares.
- Asiste a tus clases de parto. Anima a tu compañero de parto a ir contigo. Entre las clases, practica los ejercicios que aprendas.
- Toma al menos 8 vasos de agua diariamente.
- Haz ejercicios serenos, como caminar, todos los días.
- Asegúrate de descansar todos los días con tus pies levantados.

Preguntas a hacer en mi próximo examen

- ¿Por cuánto tiempo más debo planificar continuar trabajando?
- ¿Es probable que tenga un parto prematuro?
- ¿Tengo pezones invertidos?
- Yo como bastantes vegetales, frutas y granos pero sigo estreñida. ¿Qué más puedo hacer?
- ¿Cuándo debo comenzar a contar cuán frecuente mi bebé se mueve?
- Si esperas gemelos: ¿Hay algo especial que debería saber para prevenir un parto prematuro?

Otras preguntas que tengo:

1. _____
   _____

2. _____
   _____

Mi examen de los siete meses

En esta fecha, _____, tuve mi cita de los siete meses.

Tengo ____ semanas de embarazo.

Peso ____ libras.

He aumentado ____ libras desde mi último examen.

Mi presión sanguínea es _____ (ve abajo).

Cosas que aprendí hoy

1. _____

_____

2. _____

_____

Mi próximo examen será

El _____ de _____, a la(s) ____:____.
    (dia)   (mes)   (hora)

Ten cuidado con la hipertensión

La hipertensión (alta presión sanguínea) durante el embarazo (llamada preeclampsia, toxemia o PIH [por sus siglas en inglés]) puede volverse peligrosa para ti y tu bebé. Es más probable de ocurrir con un primer embarazo. Si tu presión sanguínea está alta, necesitarás cuidarte de forma especial para prevenir problemas más serios.

Estas señales pueden significar que la hipertensión está empeorando:

- aumento súbito de peso (más de una libra en un día)
- dolor de cabeza
- hinchazón de las manos y cara
- visión borrosa o manchas en tu visión
- náusea o vómitos

Puedes necesitar cuidado de emergencia. ¡Llama a tu médico o enfermera partera inmediatamente!

Tu octavo mes (33 a 36 semanas)

¿Cómo cambia mi cuerpo?

- Aumentarás aproximadamente 4 libras (casi 2 kilos) más este mes.

- La parte superior de tu útero llega a tus costillas. Puede que tengas dificultad para respirar cuando tu bebé hace presión contra tus pulmones.

- Tus pies y tus manos se pueden hinchar.

- Tu cuerpo puede sentirse muy caliente. La ropa suelta y liviana ayudará.

- Puede que necesites orinar frecuentemente a medida que tu bebé hace presión sobre tu vejiga. También tendrás menos control cuando orinas y puede que se te escape orina cuando estornudas.

¿Cómo crece mi bebé?

- Tu bebé medirá alrededor de 18 pulgadas (45 centímetros) de largo y pesa alrededor de 5 libras (un poco más de 2 kilos).

- Ella puede abrir sus ojos y ver la luz.

- Ella puede moverse menos que el mes pasado. Hay menos espacio para virarse dentro del útero ahora.

- Tu bebé se acomodará en una posición en el útero. Ella puede estar con la cabeza hacia abajo o con sus nalgas hacia abajo.

- Tu barriga se abultará cuando el bebé empuja contra ella. ¿Puedes sentir su cabeza, pies y codos?

¿Qué puedo hacer para mantenerme saludable?

- Asiste a 2 exámenes este mes.

- Asiste a las clases de parto.

- Mantén tus hábitos saludables. Mantente lejos del alcohol, las drogas, los cigarrillos y los lugares llenos de humo.

- Saca tiempo para caminar todos los días, aún si te mueves más lentamente ahora. Práctica los ejercicios del Capítulo 8 y aquellos que aprendas en las clases de parto.

- Asegúrate de comer bastantes alimentos ricos en calcio—frijoles secos, leche, tofu, cacahuetes, vegetales color verde oscuro.
- Levanta tus pies cuando te sientes.
- Escoge el bebé o la clínica para tu bebé. Asegúrate de informarle a tu médico acerca de tu decisión.

Preguntas a hacer en mi próximo examen

- ¿Mi bebé está creciendo bien?
- ¿Mi pareja y yo podemos seguir teniendo relaciones sexuales y cuáles posiciones son mejores en este momento?
- ¿Mi bebé está con la cabeza hacia abajo o hacia arriba?
- ¿Cómo está mi presión sanguínea?
- ¿Es saludable seguir haciendo ejercicio a medida que se acerca el parto?
- ¿Debería registrarme en el hospital o centro de parto antes que comience a dar a luz?

Otras preguntas que tengo:

1. _____
   _____

2. _____
   _____

Decide acerca de la circuncisión

Si tu bebé es un varón, ¿quieres que esté circuncidado? Ésta es una decisión que tú y el padre de tu bebé deben tomar juntos. La circuncisión generalmente se hace después del nacimiento. No hay una necesidad médica clara para hacerla, pero puede que tengas razones religiosas o personales.

Pene no circuncidado

Tiempo de seleccionar un médico para tu bebé

Ahora es el momento de seleccionar el médico o la enfermera practicante para tu bebé si no lo has hecho ya. Regresa al Capítulo 5 para consejos acerca de esta importante decisión.

Pene circuncidado

Primer examen de los ocho meses

En esta fecha, _____, tuve mi primera cita de los ocho meses.

Tengo ____ semanas de embarazo.

Peso ____ libras.

He aumentado ____ libras desde mi último examen.

Mi presión sanguínea es _____.

La posición de mi bebé es: _____.

Cosas que aprendí hoy

1. _____

_____

2. _____

_____

Mi médico o enfermera partera quiere que llame cuando tenga estas señales de parto:

1. _____

2. _____

3. _____

4. _____

Mi próximo examen será

El _____ de _____, a la(s) ____:____.

　　(dia)　　　　　　(mes)　　　　　　(hora)

Cuenta las patadas del bebé

Préstale atención especial a cuán frecuente tu bebé se mueve. Los bebés tienen tiempos de calma y de actividad cada día. Pero los bebés generalmente se mueven al menos 10 veces en 1 a 2 horas. Cuenta las patadas y puños de tu bebé diariamente.

Una manera fácil es llevar la cuenta de cuanto le toma a tu bebé moverse diez veces corridas. Podrías hacer esto sentándote tranquilamente con tus pies levantados. Anota la hora de comienzo y haz una marca en un papel por cada movimiento. Cuando llegues a diez, anota la hora final y el largo de tiempo. Puede que tome 10 minutos o una hora.

Si tu bebé no se mueve, ella puede estar dormida. Trata de despertarla con un ruido fuerte. Trata de contar nuevamente dentro de una hora o dos.

Llama a tu proveedor de cuidado médico inmediatamente si tu bebé se está moviendo mucho menos o ha dejado de moverse completamente por 10 a 12 horas. Puede que el médico quiera hacer pruebas para ver por qué está menos activo.

Evitar una episiotomía

Una episiotomía es un corte hecho en el perineo para hacer más espacio para que el bebé salga. No siempre es necesaria una episiotomía. Ésta puede ser dolorosa después del parto.

El perineo necesita tiempo para estirarse y abrirse completamente a medida que la cabeza del bebé empuja en contra de él. Si el parto es lento, puede que no sea necesario el corte. A veces el perineo se desgarra, pero esto frecuentemente es más pequeño que una episiotomía.

Maneras de proteger tu perineo:

- Frota tu perineo durante las últimas semanas antes del parto. (Ve las direcciones, página 118.)

- Asegúrate que tu proveedor de cuidado médico sabe que quieres evitar el corte. Ella puede estirar el perineo durante el parto.

- Sigue lo que la enfermera partera o el médico diga cuando estés pujando, para que el bebé no salga muy rápido.

Prueba para infección de estreptococo

Un tipo de infección que una madre puede transmitir a su bebé es la infección de Estreptococo Grupo B (GBS, por sus siglas en inglés). Ésta puede ser muy seria para un recién nacido. La madre y el bebé deben ser tratados durante el nacimiento. Algunos proveedores del cuidado médico prueban a todas las mujeres embarazadas a las 35 a 37 semanas. Pregúntale a tu médico o enfermera partera si necesitas la prueba de GBS.

Mi segundo examen de los ocho meses

En esta fecha, _____, tuve mi segunda cita de los ocho meses.

Tengo ____ semanas de embarazo.

Ahora peso ____ libras.

He aumentado ____ libras desde mi último examen.

He aumentado ____ libras desde que quedé embarazada.

Mi presión sanguínea es _____.

Cosas que aprendí hoy

1. _____

_____

2. _____

_____

3. _____

_____

Mi próximo examen será

El _____ de _____, a la(s) ____:____.
    (dia)   (mes)   (hora)

Cómo cambia tu cuerpo

Las contracciones de Braxton Hicks que has estado sintiendo por varios meses ayudan al útero a prepararse para el parto. El útero es un gran músculo que es muy fuerte para cuando el parto comienza. Si ya has dado a luz al menos una vez, probablemente las sentirás más esta vez.

Las articulaciones de tu pelvis se están soltando. Esto le permite a los huesos pélvicos separarse para hacer más espacio para que el bebé pase entre ellos. A medida que esto sucede, el bebé en el útero se mueve hacia abajo y la protuberancia en tu barriga se baja.

Tus senos comenzarán a filtrar colostro. Lava tus pezones con agua limpia. No hay necesidad de usar jabón ya que podría secar la piel de tus pezones.

Tu bebé está comenzando a moverse hacia abajo por el canal del parto. Frecuentemente esto se llama "descargar" o "alivianar". Notarás que tu barriga se ve más baja y puedes respirar más fácil. Puedes hallar que necesitas orinar más frecuentemente a medida que tu bebé hace presión sobre tu vejiga.

El cuello de tu útero comienza a adelgazarse y a abrirse (ve las ilustraciones de abajo). No sentirás cuando esto ocurre. Estos cambios ocurrirán más rápido cuando comiences el trabajo de parto activo. El moco espeso que ha tapado el cuello de tu útero puede salir con una pequeña cantidad de sangre (llamada "señal de sangre").

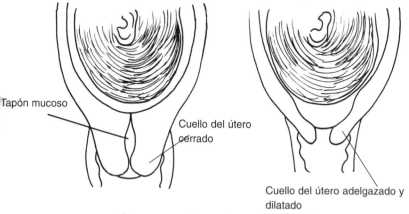

Tapón mucoso

Cuello del útero cerrado

Cuello del útero adelgazado y dilatado

Como se abre el cuello del útero

El adelgazamiento es cuando el cuello del útero se vuelve más fino. La dilatación es la abertura del cuello. Ambas cosas ocurren a medida que el cuerpo del bebé hace presión sobre el cuello del útero.

Cuando visites al médico o a la enfermera partera en las últimas semanas del embarazo, ella examinará:

- Cuán hacia abajo se ha movido el útero en la pelvis.
- Cuánto se ha adelgazado el cuello del útero.
- Cuán ancho se ha abierto la entrada del cuello del útero

Tu proveedor de cuidado médico también sentirá la posición de tu bebé. La mayoría de los bebés se viran con las cabeza hacia abajo antes del parto. Si la posición del bebé es con el trasero hacia abajo o de lado, tu médico o enfermera partera puede tratar de virarlo. Si el trabajo de parto comienza con el bebé en la posición incorrecta, generalmente se hará un parto por cesárea para la seguridad del bebé.

Mientras esperas

Puedes hacer muchas cosas para preparar tu cuerpo para el parto. Continúa con los ejercicios y estiramientos del Capítulo 8 por tanto tiempo como sea posible.

Cuando sientas tu útero apretarse (contracciones de Braxton Hicks) y volverse duro, puedes practicar relajarte. Trata los métodos de respiración de tus clases de parto y otras maneras de lidiar con el malestar del parto. Trata las posiciones que te pueden ayudar durante las diferentes etapas. Estas todas son maneras de ayudar las contracciones a hacer su trabajo y reducir tu estrés.

Practica el apretar y relajar tu perineo usando el Apretón de Kegel. Relaja tu perineo dejando que éste se abulte. También puedes estirarlo masajeándolo durante las últimas seis semanas para reducir la probabilidad de un desgarre.

Cómo masajear tu perineo

Lávate las manos. Párate con un pie sobre una silla. Derrama un poco de aceite vegetal o K-Y Jelly en tu dedo pulgar. (Si tienes uñas largas, córtate ésta corta.) Mete el dedo pulgar dentro de tu vagina y relaja tus músculos. Mueve tu dedo pulgar de lado a lado, haciendo presión hacia fuera y hacia abajo en dirección del ano. Estira tu perineo por aproximadamente tres minutos varias veces al día.

Cómo estar cómoda ahora

Cuando estés de pie o sentada, es muy útil no estar desgarbada, con los hombros caídos. El pararte derecha, metiendo tu barriga, ayuda a prevenir el dolor de espalda.

Es dificil acomodarte mientras estás acostada cuando tu barriga es grande. El acostarte boca arriba puede hacerte sentir mareada. Acostarte sobre tu lado izquierdo funciona mejor. Coloca una almohada debajo de tu vientre y otra entre tus piernas.

Háblale a tu bebé

Acuérdate, tu bebé puede escuchar los sonidos que tú hagas. ¿Ella se mueve cuando escucha sonidos? Habla con ella acerca de cómo te estás preparando para ser madre. Háblale de su familia.

Preparar un plan de parto

Es una buena idea escribir un plan antes del parto. Esto será muy útil si tienes un parto en el hospital, donde los que proveen el cuidado no te conocen personalmente.

Hay diferentes maneras de hacer la mayoría de las cosas que suceden durante un parto normal. Es bueno pensar acerca de ellas antes que comiences el trabajo de parto. En ese momento será difícil pensar claramente.

Prepara un plan después de aprender tanto como puedas acerca del parto. Asegúrate de discutirlo con tu proveedor de cuidado médico. Habla acerca de tus opciones con tu médico o enfermera partera. Obtén sus opiniones acerca del mejor cuidado y por qué ella recomienda algunas opciones. Si sientes firmemente que quieres tan poco tratamiento médico como sea posible—o si quieres tan poco dolor como sea posible—tu proveedor necesita saberlo.

Pregúntale a tu instructor de la clase de parto si ella tiene un formulario que puedes usar. Si no, usa el formulario en la próxima página. Haz que tu plan esté en tu historial médico y mantén una copia para llevar al hospital.

Por supuesto, el parto no siempre ocurre según el plan. Cada parto es diferente. Siempre puedes cambiar de parecer durante el parto. Tu condición puede cambiar. Si el médico o la enfermera partera tiene una razón importante para cambiar tu plan, asegúrate que te lo que explique.

Un plan de parto:

- ¿Quién(es) será(n) tu(s) compañero(s) de parto?
  _____

- ¿Quieres ser capaz de moverte durante el parto? ____
  _____

- Medicamentos: ¿Deseas usar medicamentos para el dolor? Si es así, ¿qué tipo?
  _____

  ¿Cómo decidirás tomarlos? _____

- ¿Qué posiciones quieres usar durante el parto? (tales como de pie, sentada o de cuclillas)
  _____

- ¿Quieres tratar de evitar tener una episiotomía y prefieres otros métodos para evitar desgarrar la piel alrededor de tu vagina? _____

- ¿Quién cortará el cordón umbilical? _____

- ¿Quieres lactar a tu bebé inmediatamente? _____
  ¿Quieres que las enfermeras no le den fórmula o agua? _____

- ¿Quieres que tu bebé se quede en tu habitación todo el tiempo? _____

- En caso de un parto por cesárea, ¿te gustaría poder ver al médico o que el médico explique qué está sucediendo? _____
  ¿Tu pareja de parto quiere estar allí?_____

- ¿Se va a circuncidar a un bebé varón? _____
  ¿Quieres que se usen medicamentos para reducir el dolor del bebé? _____
  ¿Tú y tu pareja quieren estar presentes?
  _____

  ¿Será una ceremonia religiosa? _____

- Otras cosas que quieres que tu médico y las enfermeras sepan:
  _____
  _____

Últimos pasos para prepararte

Probablemente estás muy cansada de esperar, pero darás a luz pronto. Puede parecer muy difícil esperar.

Verifica las señales de parto

Mira hacia delante al Capítulo 10 para revisar lo que sucederá durante el trabajo de parto y el parto. Aprende a reconocer las señales del trabajo de parto para que estés preparada.

Regístrate de antemano en el hospital

Llama al hospital o centro de parto y pregunta cómo registrarte temprano. Esto hará más fácil tu admisión cuando llegues en parto.

Empaca tu bolso para tu estadía en el hospital

Ten todo preparado de antemano (Ve la lista, Capítulo 10.)

Planifica cómo llegar al hospital

Decide quién te llevará al hospital o centro de parto. Asegúrate que la persona que te va a llevar sabe cómo llegar. Si nunca has estado allí, ve una vez para aprender el camino. Ten a una segunda persona lista para llevarte en caso que el primer chofer no pueda hacerlo. Si vives lejos del hospital, quizás quieras llegar más temprano de lo normal.

Planifica obtener ayuda luego del parto

Pídeles a algunos amigos o familiares que te ayuden en el hogar por varias semanas después del parto. Algunas familias contratan a una doula para que ayude en el hogar y ofrezca apoyo para el cuidado del recién nacido.

Tus niños y el parto

Déjales saber a tus niños que pronto te irás a dar a luz. Infórmales qué arreglos has hecho para su cuidado mientras no estás. Si vas a tener un parto en el hogar, sigue siendo importante tener a alguien que los cuide.

"Nosotros vivíamos a una hora del hospital. Cuando comenzó el trabajo de parto, manejamos hasta la casa de un amigo que quedaba cerca del hospital. Entonces no teníamos que preocuparnos de dar a luz en medio de la autopista."

Tu noveno mes (36 a 40 semanas)

¿Cómo cambia mi cuerpo?

- Probablemente aumentarás 4 libras (casi 2 kilos) más en este mes.

- En algún momento en este mes el bebé bajará a tu pelvis. El respirar y el comer puede ser más cómodo después que esto ocurre, pero puede que tengas que orinar más frecuentemente. También puedes estreñirte más fácilmente.

- Puedes sentirte muy cansada. Esto es normal. Date tiempo para descansar.

"Justo antes que mi bebé naciera, limpié todos los gabinetes de la cocina completamente. Me sorprendí que tenía la energía para hacerlo."

- Justo antes que comience el parto, puedes sentir nuevas energías para hacer cosas alrededor de tu hogar. Esto se llama "anidamiento". Éste es un buen tiempo para empacar tu bolso con cosas para llevar al hospital o centro de parto. Trata de no cansarte. Necesitarás tus fuerzas para el parto.

¿Cómo crece mi bebé?

- Tu bebé está aumentando grasa para mantener su temperatura corporal elevada. Sus pulmones están preparándose para respirar aire. La mayoría de los bebés miden aproximadamente 20 pulgadas (50 centímetros) de largo al nacer. La mayoría pesa alrededor de 7 libras (un poco más de 3 kilos).

- Todas las partes de su cuerpo están bien formadas ahora. Ella podría nacer en cualquier momento.

- Sus uñas están más largas.

- Ella ha crecido para llenar el útero y tiene muy poco espacio para moverse.

Cosas que debes tener listas en el hogar:

- Varias comidas preparadas en el congelador

- Toallas sanitarias (no tampones)

- Pañales y otros artículos de bebé

- Jabón de lavar ropa suave para la ropa del bebé

¿Qué puedo hacer para mantenerme saludable?

- Asegúrate de comer ciruelas, pan integral, frutas frescas y vegetales.

- Haz tus ejercicios de relajación y respiración.

- Descansa bastante con tus pies levantados.

- Prepara tu plan de parto. Discútelo con tu médico o enfermera partera.

- Asiste a tu examen cada semana.

Preguntas a hacer en mi próximo examen

- ¿Cómo sabré si mis contracciones son el parto real? ¿Cuándo debo llamarle?

- ¿Qué posiciones (sentada, de cuclillas o acostada) usted cree funcionan mejor durante el parto?

- Si necesito medicamentos para el dolor, ¿qué clases usted recomendaría? ¿Qué efectos secundarios tendrían en mí y mi bebe?

- ¿Necesito una prueba para la infección de Estreptococo Grupo B?

Otras preguntas que tengo:

1. _____

_____

2. _____

_____

3. _____

_____

Usa la última página de este capítulo para anotar cosas que quieres recordar acerca de este tiempo importante.

Mi primer examen de los nueve meses

En esta fecha, _____, tuve mi primera cita de los nueve meses.

Peso ____ libras..

He aumentado ____ libras desde mi último examen.

¿Mi bebé ha descendido? Sí ___ No ___

Mi cuello uterino está ___ por ciento adelgazado y dilatado a ___ centímetros. (Puede que no se mida esto en cada cita de este mes.)

La posición de mi bebé es con la cabeza hacia abajo ___ o con el trasero hacia abajo ___.

Cosas que aprendí hoy

1. _____

_____

2. _____

_____

Mi próximo examen será

El _____ de _____, a la(s) ___:___.

    (dia)   (mes)   (hora)

Mi segundo examen de los nueve meses

Fecha _____

Peso ____ libras y he aumentado ___ libras desde que quedé embarazada.

Mi cuello uterino está ___ por ciento adelgazado y dilatado a ___ centímetros (si fue medido).

Cosas que aprendí hoy

1. _____

2. _____

Mi próximo examen será

El _____ de _____, a la(s) ___:___.

    (dia)   (mes)   (hora)

Mi tercer examen de los nueve meses

Fecha _____

Peso ____ libras y he aumentado ___ libras desde que quedé embarazada.

Mi cuello uterino está ___ por ciento adelgazado y dilatado a ___ centímetros (si fue medido).

Cosas que aprendí hoy

1. _____

2. _____

Mi próximo examen será

El _____ de _____, a la(s) ___:___.
     (dia)   (mes)   (hora)

Mi cuarto examen de los nueve meses

Fecha _____

Peso ____ libras y he aumentado ___ libras desde que quedé embarazada.

Mi cuello uterino está ___ por ciento adelgazado y dilatado a ___ centímetros (si fue medido).

Cosas que aprendí hoy

1. _____

2. _____

Cómo me siento ahora

_____
_____

Puedes llevar un registro de qué sucedió durante el parto al final del Capítulo 10.

¡El gran día casi está aquí!

Bien tu embarazo haya sido fácil o no, sabes que terminará pronto. Pronto tendrás un nuevo niño a quien amar. Ya has comenzado a ser mamá cuidando a tu bebé por nacer.

¿Qué nombre estás pensando darle a tu bebé?

_____

_____

_____

_____

¿Cómo te sientes ahora?

_____ Emocionada

_____ Temerosa

_____ Feliz

_____ Deprimida

_____ Un poco de todas

¿Otros sentimientos? _____

_____

¿Cuáles son tus esperanzas especiales? _____

_____

_____

¿Tienes preocupaciones nuevas?_____

_____

_____

Comparte cómo te sientes con tu pareja o esposo o con una amiga cercana.

Capítulo 10

El nacimiento de tu bebé

Para este tiempo probablemente estás muy cansada de estar embarazada y estás lista para continuar con tu maternidad. A medida que esperas que el parto comience, puedes sentirte emocionada y preocupada.

La forma natural en que el parto ocurre es sorprendente. Si éste es tu primer bebé, parecerá muy extraño. Tu cuerpo se encargará de hacer lo que necesita. El aprender acerca de qué sucederá lo hará menos misterioso e intimidante.

Este capítulo incluye:

Prepárate

Este capítulo te da los detalles de un parto normal. Es mejor leer al respecto antes de tu noveno mes. Para estar completamente lista, necesitarás saber más. Asistir a una clase de parto es la mejor manera en que tú y tu pareja pueden aprender acerca de qué pueden hacer para ayudar a que el parto vaya bien. Si no eres capaz de ir a una clase, asegúrate informárselo a tu médico o enfermera partera.

Información para el hospital o el centro de parto

Recopila esta información con anticipación:

__ Tipo de sangre (pregúntale a tu médico o enfermera)
_____

__ El nombre de tu médico o enfermera partera
_____

Número de teléfono   _____

__ El nombre del médico o la enfermera practicante del bebé (anótalo en el interior de la portada, también)
_____

Número de teléfono _____

__ Tu plan o seguro médico
_____

Tu número de póliza   _____

__ ¿Piensas lactar?_____

__ ¿Quieres lactar inmediatamente después del nacimiento?
_____

__ Si tu bebé es varón, ¿quieres que sea circuncidado antes de irse a casa? _____

¿Qué debo llevar al hospital?

Empaca tu bolso varias semanas antes de tu fecha estimada de parto. Necesitas estar lista en caso que tu bebé llegue temprano. Cosas a llevar:

__ Este libro.

__ Un reloj con un segundero para llevar el tiempo de tus contracciones. Un lápiz o una pluma y un papel para tomar notas.

___ Un toca CD, DVD o iPod y tu música favorita. Música suave y calmada que te ayude a relajarte durante el trabajo de parto.

___ Una cámara para grabar el nacimiento. Si deseas esto, asegúrate que tienes película o que la batería (pila) esté cargada. Prueba la cámara de antemano para asegurar que funciona correctamente.

___ Dulces libres de azúcar para mantener la boca húmeda.

___ Un sostén de lactancia. Una bata corta, un abrigo de cama o un suéter que abra al frente, zapatillas y medias calientes, en caso que la habitación del hospital esté fría.

___ Cepillo de pelo, cepillo de dientes, pasta dental, maquillaje (deja todas las joyas y tu dinero en casa.)

___ Dinero para que tu pareja de parto lo use para café y comidas.

___ Bocadillos para tu pareja de parto y para ti después del parto. Las ciruelas, nueces, galletas integrales y las manzanas te ayudarán a mantener tus defecaciones blandas. También serán más sabrosas que la mayoría de los alimentos de hospitales.

___ Ropa para que uses para ir a casa. Escoge algo suelto, inclusive ropa de maternidad. Tu cuerpo necesitará algún tiempo para regresar a su forma normal.

___ Ropa para que tu bebé use para regresar a casa, tal como una pijama con patas. Si está frío, añade un sombrero y una frazada gruesa. (Las ropas con patas son importantes para que el arnés del asiento del auto quepa entre las piernas del bebé.)

___ Un asiento de auto para el primer viaje a casa de tu bebé. (Practica abrocharlo en el auto antes de tiempo.) Tú y tu bebé deben viajar abrochados, aún si tomas un taxi. Si todavía no tienes un asiento de auto para niños, pregunta si el hospital tiene asientos de bajo costo.

Prepararte para el trabajo de parto

Nadie puede decir exactamente cuándo comenzará tu trabajo de parto. El trabajo de parto comenzará cuando tu bebé y tu cuerpo estén listos. Durante el noveno mes, tu médico o enfermera partera examinará frecuentemente los cambios en tu cuello uterino y la posición de tu bebé. Los cuerpos de algunas mujeres muestran señales claras antes que comience el trabajo de parto. En otras no es así.

El trabajo de parto generalmente comienza en cualquier momento desde dos semanas antes de tu fecha estimada de parto hasta dos semanas después. El trabajo de parto puede tomar varias horas o más de un día. Los primerizos generalmente toman más tiempo que los otros.

Señales del trabajo de parto

Todas estas son señales del trabajo de parto, pero puede que no las tengas todas.

- Aparece un bulto de mucosidad espesa (tapón mucoso) con un poco de sangre bien roja en tu ropa interior.

- La bolsa de aguas rompe—líquido claro que brota o se filtra de la vagina. Puede romper hasta un día antes de comenzar el trabajo de parto sólo después que comiencen las contracciones. (Llama inmediatamente cuando esto ocurra.)

- Las contracciones duran más y ocurren más y más cercanas unas de otras. Se vuelven más fuertes cuando te mueves. Anota en la página ___ cuánto duran y cuan frecuente vienen. Tu médico o enfermera partera querrá saber esto.

- Dolor o apretamiento de los músculos que comienza en la espalda baja y se mueve a tu barriga.

- Varias defecaciones blandas..

Si tu bebé está tarde

Tu bebé realmente no está tarde hasta dos semanas después de su fecha estimada de parto. Esto puede parecer como mucho tiempo para esperar, pero recuerda, ¡nadie está embarazada por siempre!

Si no has comenzado tu trabajo de parto una o dos semanas después de la fecha estimada del parto del bebé, tu médico o enfermera partera ayudará a que comience el trabajo de parto.

Cuándo llamar al médico o a la partera

Si no estás segura de cuándo llamar, hazlo cuando:

- Tu bolsa de aguas se rompe.
- Tus contracciones ocurren cada 5 a 10 minutos durante al menos una hora.
- No puedes caminar ni hablar durante las contracciones.

Dile a tu proveedor tanto de lo que te está sucediendo como sea posible.

Llama a cualquier hora, día o noche. Es mejor llamar temprano en lugar de esperar demasiado. Puede que te digan que esperes en casa un rato más. Esto es más probable si éste es tu primer parto.

Parto falso

A veces es difícil saber si las contracciones son "reales". Las señales de un parto falso son:

- Las contracciones no se vuelven más fuertes ni de mayor duración cuando te mueves o caminas. Pueden desaparecer completamente en varias horas.
- Las contracciones desaparecen cuando tomas varios vasos de agua.

Paséate y toma el tiempo de las contracciones. Si continúan o no estás segura, llama a tu médico o enfermera partera. A ella no le molestará que la llames a cualquier hora. A veces la única manera de saber si el parto real ha comenzado es que tu proveedor te examine. Ella puede saber cuánto el cuello uterino se ha adelgazado y dilatado.

Parto repentino e inesperado

A veces un bebé comienza a salir antes que la madre llegue al hospital o centro de parto. Ve la próxima página para algunos consejos si esto te sucede. Esta información no sustituye la ayuda de paramédicos o las instrucciones por teléfono de un proveedor de cuidado médico.

- Llama al 911 inmediatamente si tu bebé comienza a salir antes que llegues al hospital. Los paramédicos saben cómo ayudar a parir los bebés. Tú también puedes llamar al centro de parto del hospital o a tu médico o enfermera partera para ayuda.

- No intentes manejar hasta el hospital. Si estás en el auto, detén el auto en un lugar seguro.

- Si el bebé sale antes que llegue ayuda médica, limpia su cara y seca su cabeza. No hales ni cortes el cordón.

- Acuesta el bebé contra la piel de tu pecho. Cubre ambos con un abrigo o un suéter. Cubre la cabeza del bebé para mantenerlo caliente.

- Amamanta a tu bebé.

- Puja la placenta. Guárdala para tu médico.

- Busca atención médica tan pronto como sea posible.

Inducir el parto

A veces es necesario hacer que el parto comience (inducir el parto). Esto frecuentemente se hace si el trabajo de parto no ha comenzado para dos semanas después de la fecha estimada de parto. También se puede hacer si ocurren problemas antes o a veces por razones no médicas.

El parto puede iniciarse con medicamentos o usando medidas tales como la ruptura del saco amniótico. El médico o la enfermera partera decide qué hacer examinando el cuello uterino. Es mejor si el cuello está suave y ha comenzado a dilatar y adelgazar.

El inducir el parto no siempre funciona. Si este es el caso, se haría una cesárea.

Parto por cesárea

Es importante que cualquier mujer esté consciente que podría ser necesario una cesárea. El proveedor de cuidado médico puede planificar hacerla si él sabe que tú o tu bebé tienen un problema médico que hace un parto vaginal poco aconsejable. Esto podría ser debido a gemelos o múltiples o a un problema con tu bebé. Podría ser debido a que tú tienes una condición médica como preeclampsia o lesiones del herpes genital.

También se puede hacer una cesárea si se presentan problemas durante el trabajo de parto o el parto. Algunos de estos problemas serían:

- El bebé está virado con el trasero hacia abajo (de nalgas) o de lado en lugar de con la cabeza hacia abajo y no se puede virar.

- El trabajo de parto se ha detenido (no "progresa"), aún después de tratar medidas no quirúrgicas.

- El bebé es demasiado grande para pasar a través de tu pelvis.

- Hay problemas con el cordón umbilical o la placenta.

- El bebé no está bien durante el trabajo de parto.

Hay algunos riesgos asociados con una cesárea. Tu salud y la de tu bebé justificarían el riesgo.

Una cesárea generalmente toma menos de una hora. El bebé nace durante los primeros 10 minutos. Frecuentemente se hace con un anestésico espinal para que puedas estar despierta durante la operación.

Parto vaginal luego de cesárea

Si estás tratando de tener un parto vaginal luego de haber tenido una cesárea, tu proveedor de cuidado médico velará tu condición muy de cerca. Hay un pequeño riesgo que la cicatriz en el útero pueda romperse donde se hizo el corte anterior. Tu proveedor de cuidado médico sabrá a medida que el parto progresa si el parto vaginal funcionará. Si no va bien, se te hará otra cesárea.

Consejos para la pareja de parto

Hay maneras de ayudar tanto en la casa como después que llegues al hospital o al centro de parto.

- **Mantente calmado** y alegre. Ayuda a tu compañera a respirar y a relajarse durante las contracciones.

- Toma el tiempo de sus contracciones para que ella sepa cómo va progresando. (Ve la página 138.)

- Toca sus CD favoritos o la música de un radio suavemente si la música la relaja.

- **Mantén la habitación callada** mientras tu compañera tiene contracciones. Si los visitantes son una distracción, pídeles que se vayan de la habitación por un rato. Éste no es un buen momento para conversar.

- **Anímala a cambiar de posiciones** o a caminar. Aún si ella no quiere moverse, le podría ayudar a estar más cómoda.

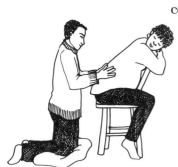

  - Masajea su espalda ligeramente para ayudarla a relajarse durante las contracciones. Haz presión sobre su espalda baja si ésta le duele. Pregúntale qué ayuda más.

  - Úrgele que descanse entre contracciones. Ayúdala a respirar calmadamente durante las contracciones.

Durante la fase temprana del trabajo de parto, tu pareja puede empujar sobre la espalda abaja cuando te duela. Esto puede ayudar a aliviar el dolor de las contracciones.

- **Trata de mantenerte calmado** aún si te molesta ver a tu compañera en dolor o ver a su cuerpo trabajando tan fuerte. Es normal que ella tenga náuseas y dolor. Recuérdale (y recuérdate a ti mismo) que lo más difícil se acabará pronto.

- Si te sientes cansado, toma unos minutos para ti mismo. Sal de la habitación, come un bocadillo o sal afuera a tomar aire fresco. Serás más capaz de ayudar si no estás exhausto.

Como padre, juegas un papel muy importante en el nacimiento de tu bebé. El estar allí para confortar a tu compañera y recibir a tu niño al mundo es muy especial

Si estás ayudando como un amigo, probablemente siempre tendrás un sentimiento especial para este bebé.

- **Habla** si crees que tu compañera está teniendo problemas que no son normales. Pídele a la enfermera que la examine.

- Haz preguntas si el médico o la enfermera partera cree que tu compañera necesita algún tipo de medicamento o un cambio en su plan de parto.

Como una pareja de parto, no seas tímido para hacer preguntas. Asegúrate que tanto tú y tu compañera entiendan qué está sucediendo. Si el médico o la enfermera partera cree que es necesario hacer algo que no esperabas, pídele que te explique. Asegúrate que entiendes por qué estas cosas son necesarias antes que se haga cualquier cosa.

Las etapas del parto

En las últimas semanas antes del parto, el útero cae (se baja) entre los huesos pélvicos. Aún antes que el parto comience, las contracciones de Braxton-Hicks presionan al bebé contra el cuello uterino. Éste comienza a suavizarse y a cambiar de forma. Se adelgaza y abre (dilata) a medida que el bebé se mueve hacia abajo.

Éstas son las etapas del parto:

1. **Trabajo de parto:** La abertura del cuello uterino. Las contracciones regulares abren el cuello uterino. Necesitas tratar de relajarte tanto como sea posible. Esto te ayudará a controlar el dolor.

2. **Nacimiento:** del bebé: El bebé se mueve a través del cuello uterino, al canal de parto y el bebé nace. La vagina y el perineo se estiran y abren completamente y el bebé nace. Tú ayudas pujando con las contracciones.

3. **Alumbramiento:** (parto de la placenta): La placenta se despega de la pared uterina y sale. Necesitas pujar varias veces más.

4. **Recuperación:** El útero comienza a encogerse mientras descansas y comienzas a relajarte.

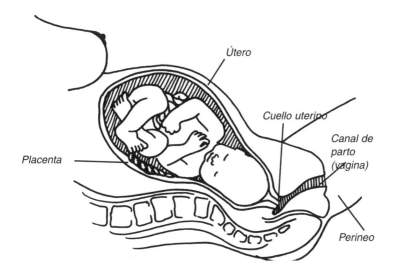

Partes de tu cuerpo involucradas en el parto.

ETAPA 1: Trabajo de parto

Durante el embarazo, el útero ha crecido a ser el músculo más grande y más fuerte en tu cuerpo. Cuando el trabajo de parto comienza, éste se contrae sin tu ayuda. Esto puede parecer muy extraño al principio.

Tu trabajo será ayudar al útero dejando que éste haga su trabajo. Tú ayudas relajándote tanto como puedas durante las contracciones y descansando entre ellas. Puedes ayudar manteniéndote un poco activa, tal como caminando. El acostarte puede retrasar el parto. Evita pujar durante este tiempo. Pujar puede retrasar la abertura del cuello uterino.

Las contracciones hacen el trabajo

Durante el trabajo de parto, tu útero trabaja para dilatar el cuello uterino. Relájate y deja que el útero haga lo que fue creado para hacer.

Como se abre tu cuello uterino durante la primera etapa:

*Los profesionales médicos miden estos cambios en centímetros en lugar de pulgadas.

- **Trabajo de parto temprano:** Las contracciones son cortas y no muy fuertes. Tu cuello uterino se abre a cuatro centímetros*. Puedes relajarte durante este tiempo.

- **Trabajo de parto activo:** Las contracciones son más largas y fuertes. Ocurren cercanas unas de otras. Durante este tiempo deberías ir al hospital o al centro de parto. Tu cuello uterino se abrirá a 8 centímetros.

- **Transición:** Las contracciones ahora son las más fuertes y ocurren lo más cercanas unas de las otras. El cuello uterino se dilata completamente desde 8 hasta 10 centímetros (4 pulgadas). Esto es suficientemente ancho para que la cabeza de tu bebé pase.

Trabajo de parto temprano

El trabajo de parto temprano puede tomar varias horas o varios días. Te sentirás más cómoda en tu casa durante este tiempo. No hay necesidad de estar en el hospital o en el centro de parto hasta que estés en la parte activa del trabajo de parto. Llegar al hospital temprano no ayuda a que tu bebé llegue más rápido.

Regresa a la página 130 para ver las señales del trabajo de parto y saber cuándo llamar a tu médico o enfermera

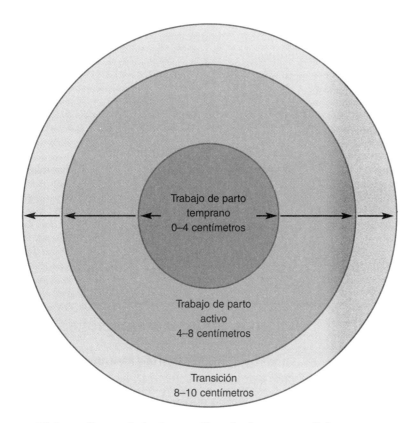

Trabajo de parto
temprano
0–4 centímetros

Trabajo de parto
activo
4–8 centímetros

Transición
8–10 centímetros

¡El tamaño real de tu cuello uterino a medida que se abre alrededor de la cabeza de tu bebé!

partera. También, llama a tu proveedor de cuidado médico si cualquier cosa rara ocurre o si tienes preguntas.

Mientras estás en el trabajo de parto temprano, puedes hacer cosas normales, como cocinar, tomar caminatas y visitar a amigos. Come liviano y bebe agua o jugo. Trata de relajarte pero no te acuestes simplemente. El sentarte, pararte y caminar ayudan a que el bebé se mueva hacia abajo en el canal de parto.

Cuando ocurre una contracción, practica los ejercicios de respiración y relajación. Comienza a tomar el tiempo de tus contracciones para que puedas saber cuándo llamar a tu proveedor de cuidado médico.

Lleva la cuenta de tus contracciones

El largo y la frecuencia de tus contracciones te dicen a ti y a tu proveedor cómo se está dilatando tu cuello uterino. Usa un reloj con un segundero para tomar el tiempo de tus contracciones (ve cuadro).

*Frecuencia: Cuán frecuente comienzan las contracciones. Mide la cantidad de tiempo que hay entre el comienzo de una contracción y el comienzo de la próxima.

Usa la tabla de abajo para saber cómo progresa el trabajo de parto

Fase	duración (segundos)	frecuencia* (minutos)	cm. de dilatación
Trabajo de parto temprano	30-45 seg.	15-30 min.	0-3 cm.
Trabajo de parto activo	45-60 seg.	3-5 min.	4-7 cm.
Transición	45-90 seg.	2-3 min.	8-10 cm.

Tomar el tiempo de las contracciones

Anota abajo el tiempo exacto cuando las contracciones comienzan. Anota cuando terminan. Determina cuánto tiempo duró y cuán frecuente ocurren.

También anota el tiempo cuando ocurren otras señales. La bolsa de aguas puede romperse durante este tiempo, por ejemplo.

Tiempo inicia	Tiempo final	Número de segundos que duró la contracción	Frecuencia de las contracciones	Otras señales*
_____	_____	_____	_____	_____
_____	_____	_____	_____	_____
_____	_____	_____	_____	_____
_____	_____	_____	_____	_____
_____	_____	_____	_____	_____
_____	_____	_____	_____	_____
_____	_____	_____	_____	_____
_____	_____	_____	_____	_____
_____	_____	_____	_____	_____
_____	_____	_____	_____	_____
_____	_____	_____	_____	_____

(Usa otro pedazo de papel para continuar tus notas.)

Trabajo de parto activo

Una vez llegues al hospital o al centro de parto y te hayas registrado, una enfermera de parto te ayudará a saber qué hacer. Las enfermeras o enfermeras parteras pueden tener muchas sugerencias prácticas. Ellas han ayudado a muchas mujeres a través de su trabajo de parto. Sus consejos acerca de las posiciones, actividades y la respiración pueden ser muy útiles. Asegúrate que también tengan tu plan de parto.

Asegúrate de tomar líquidos o chupar hielo picado para evitar deshidratarte. Orina cuando necesites hacerlo.

Será más fácil relajarte en una habitación callada y tranquila. Si las personas en el pasillo o los visitantes te distraen, puedes cerrar la puerta o pedirle a las personas que esperen afuera.

La mayoría de las madres no pasan el trabajo de parto acostadas. Frecuentemente, otras posiciones ayudan a las mujeres sentirse a más cómodas. También ayudan a que el parto ocurra más rápido o más fácil.

Algunas posiciones para intentar:

- Caminar
- Pararte inclinándote hacia delante contra tu pareja
- Descansar sobre tus manos y rodillas
- Hacer cuclillas y recostarte hacia atrás con apoyo

Hablar con sinceridad acerca del dolor

El dolor del parto es un dolor natural y "bueno". No hay necesidad de tener miedo de él. El mismo viene del trabajo arduo que está haciendo tu útero. El dolor proviene del estiramiento del cuello uterino, la vagina y el perineo. Éste casi desaparecerá tan pronto tu bebé nazca.

Puede que quieras mantener el buen sentimiento de dar a luz sin medicamentos. Si tu parto está progresando bien, puede que sólo necesites los métodos de relajación y otros remedios listados en la página 140.

Cómo reducir el dolor naturalmente

- Ten una pareja de parto y/o una doula que te apoye y te anime.
- Usa los métodos de respiración y masajes para relajarte.
- Camina lentamente agarrada de tu pareja.
- Intenta diferentes posiciones—siéntate derecha, ponte de cuclillas, arrodíllate sobre tus manos y piernas, siéntate sobre una bola de parto.
- Remójate en una tina de agua tibia (no caliente)—después que estés dilatada al menos 5 cm. Algunos hospitales y centros de partos tienen tinas en las habitaciones de parto.

Dolor de espalda

El dolor de espalda frecuentemente ocurre cuando el bebé está posicionado con la parte de atrás de su cabeza hacia tu espalda. (La mayoría tienen sus caras hacia la espalda durante el trabajo de parto.) Esta posición hace que la cabeza empuje contra los huesos de tu espalda baja. Aquí tienes algunas maneras de aliviar del dolor de espalda:

- Haz que tu pareja te de un masaje o haga presión contra tu espalda baja.
- Recuéstate contra tu pareja o una mesa o sobre una bola de parto.
- Coloca compresas frías sobre tu espalda baja.
- Toma una ducha de agua tibia con el agua rociándote tu espalda baja.

Sin embargo, si el trabajo de parto toma mucho tiempo o las contracciones son muy fuertes, puede que desees algunos medicamentos para el dolor. No deberías sentir como que has fallado si decides usar medicamentos para el dolor. Una persona puede ser capaz de soportar más dolor que otra.

Los medicamentos tienen sus límites

No hay manera de que tengas un parto completamente sin dolor. Aún si deseas medicamentos para el dolor, tendrás que lidiar con el dolor sin medicamentos durante el trabajo de parto temprano. A veces, puede que no haya tiempo para que el medicamento entre en efecto o que haya alguna razón para no administrar ciertos medicamentos. Así que es importante saber cómo relajarte para manejar el dolor.

Diferentes clases de medicamentos pueden usarse dependiendo de:

- Tu condición
- La condición de tu bebé
- El progreso que has logrado durante el trabajo de parto

La mayoría de los medicamentos tienen efectos secundarios. Algunos de los efectos secundarios son raros pero serios. Es importante conocer acerca de éstos antes que comiences el trabajo de parto, cuando se te puede hacer difícil pensar y tomar decisiones. Aprende acerca de los diferentes tipos de alivio de dolor que puedes usar y acerca de sus efectos secundarios.

Tipos de medicamentos para el dolor

En un examen prenatal, pregúntale a tu proveedor de cuidado médico acerca de los tipos de medicamentos que ella prefiere usar y por qué. Piensa acerca de los beneficios y efectos secundarios. Ninguno de estos es dado durante el trabajo de parto temprano.

Estos medicamentos generalmente son muy seguros. Sin embargo, es importante conocer los riesgos antes de aceptar el uso de cualquier medicamento.

- **Analgésicos,** como Demerol, son narcóticos. Éstos alivian el dolor, pero no lo bloquean completamente. Estos medicamentos pueden afectar la respiración de un bebé recién nacido si se administran tarde durante el trabajo de parto. Pueden hacerte sentirte mareada o confundida o con náusea.

- **Los tranquilizantes** adormecen la parte baja de tu cuerpo. Los medicamentos son administrados a través de un tubo muy estrecho que se coloca en el espacio alrededor de tu médula espinal en la parte baja de tu espalda (ve la ilustración). Sentirás poco o ningún dolor.

- **Un bloqueador espinal o epidural** adormece la parte baja de tu cuerpo. Los medicamentos son administrados a través de un tubo muy estrecho que se coloca en el espacio alrededor de tu médula espinal en la parte baja de tu espalda (ve la ilustración). Sentirás poco o ningún dolor.

Después de insertar el tubo, no podrás caminar, cambiar de posiciones ni darte un baño tibio. Todavía

Colocación del tubo para la epidural en el espacio alrededor de la médula espinal. La parte baja del cuerpo (sombreada) estará adormecida

puedes pujar durante la segunda etapa del trabajo de parto, pero puede que la enfermera tenga que decirte cuándo están ocurriendo las contracciones.

En algunos casos, una epidural hace que el trabajo de parto ocurra más rápido. En otros casos, el trabajo de parto puede tomar más tiempo. A veces hay consecuencias para la madre, tales como dolores de cabeza severos. Tiene menos efectos sobre el recién nacido que cualquier otro tipo de medicamento.

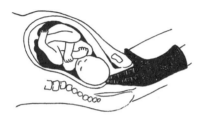

1. La primera etapa: El trabajo de parto
El cuello uterino se ha adelgazado y abierto. El bebé comienza a moverse hacia la vagina. En la mayoría de los casos un bebé nace cabeza primero.

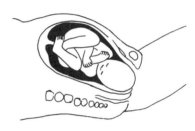

2. La segunda etapa: Parto
Ahora la cabeza del bebé llega a la abertura de la vagina. La piel alrededor de la vagina se estira. Si no estira suficiente, se puede hacer una episiotomía.

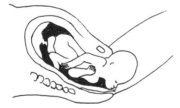

3. La cabeza del bebé aparece. Los hombros vienen luego. Después de eso, el resto del cuerpo sale muy rápidamente.

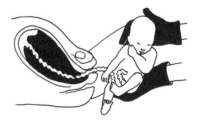

4. Ahora el bebé recién nacido comienza a respirar y es examinado rápidamente. Se prensará y cortará el cordón umbilical. La placenta será parida después de más contracciones.

Un parto vaginal

ETAPA 2: PARTO DE TU BEBÉ

Después que el cuello uterino está completamente abierto, podrás pujar a tu bebé a través del canal de parto y fuera de tu cuerpo. Sentirás que deberías pujar (hacer presión) durante las contracciones. Este deseo de pujar puede sentirse como tener una defecación.

Mientras pujas, deberías aguantar tu respiración solo por periodos cortos. Toma varias respiraciones cortas mientras pujas. Descansa entre las contracciones.

Esta etapa puede tomar algún tiempo. Tu enfermera partera o enfermera de parto estará contigo. Ella examinará cuán abajo se ha movido el bebé. Tu vagina se estirará lentamente a medida que el bebé se mueve a través de ella. Cada puje ayuda a abrir el canal de parto.

Cuando la cabeza del bebé está completamente en el canal de parto, el perineo debe estirarse lo suficiente para dejar pasar la cabeza del bebé. Puede que sientas un ardor a medida que la cabeza hace presión contra la piel.

A veces, tu médico o enfermera partera puede pedirte que no pujes muy fuerte. Esto le da tiempo al perineo para estirarse. Esto puede ayudar a evitar el cortar el perineo (una episiotomía). Ella puede colocar su mano sobre la cabeza del bebé para retrasar el parto del bebé. También se pueden usar las toallas tibias o un masaje suave para evitar el desgarre. Sin embargo, puede ser necesario hacer una episiotomía.

A veces la cabeza del bebé no sale como debiera. El médico puede usar fórceps o un extractor al vacío para halarla suavemente.

Después que la cabeza sale, el resto del cuerpo de tu bebé sale muy rápido. ¡Puedes sentir un gran alivio que el parto casi acaba! Las contracciones pueden continuar, pero serán mucho más suaves.

Puede que coloquen a tu bebé sobre tu abdomen, piel a piel. Puede que él esté envuelto para mantenerlo caliente mientras lo sostienes.

"Di a luz mi segundo bebé de pie. Fue mucho más cómodo que acostarme boca arriba."

ETAPA 3: Parto de la placenta

El parto de la placenta, a veces llamado "alumbramiento", parecerá fácil. Tu útero se contraerá unas veces más. Puede que tengas que pujar un poco más para ayudar a la placenta a salir. Tu proveedor de cuidado médico te examinará para asegurar que toda la placenta haya sido parida.

ETAPA 4: Comienzo de la recuperación

Ahora te puedes relajar. Puedes acurrucar a tu bebé y lactarlo por primera vez. Puedes comer, tomar un poco de agua o jugo y relajarte.

Si tuviste una episiotomía o un desgarre, éste será suturado. Se limpiará tu área vaginal y se te dará una toalla sanitaria para absorber la sangre.

Durante esta etapa, tu enfermera o enfermera partera sentirá tu abdomen frecuentemente. Ella examinará tu útero para asegurar que se está contrayendo. La enfermera puede masajear la parte superior de tu útero para hacerlo contraer. Quizás seas capaz de masajearlo tú misma. El útero debería sentirse duro y ser alrededor del tamaño de una toronja. Tócalo por tu cuenta para sentir cómo cambia.

Estas contracciones pueden ser incómodas pero son normales y limitarán el sangrado. A veces se pueden dar medicamentos para ayudar a que el útero se mantenga firme.

¡Dale la bienvenida a tu nuevo bebé!

Tu nuevo bebé ha llegado al mundo. Puede que él te parezca extraño al nacer. Él estará mojado y su piel será de un color azul-púrpura. Puede que esté cubierto con vérnix blanco y vetas de sangre.

Tu bebé puede parecer estar sin vida por un momento pero después de su primer respiro puede que comience a llorar. Sus pulmones están tomando aire por primera vez. Su piel comenzará a tornarse rosada o enrojecida, más cercana a su color natural. El médico o la enfermera partera puede succionar la mucosidad de su nariz y su boca para ayudarlo a respirar mejor.

Se prensará y cortará el cordón umbilical. Esto separa a tu bebé de tu cuerpo. Puede que tu pareja de parto pueda cortarlo si él desea. El cortar el cordón no lastima a tu bebé ni a ti.

Se examinará la salud general de tu bebé rápidamente entre uno a cinco minutos después de nacer. Tu médico o enfermera partera observará su ritmo cardiaco, respiración, músculos, reflejos corporales y el color de su piel

Después de varios minutos, la enfermera limpiará al bebé y lo medirá. Ella le colocará un pequeño pañal y un sombrero. Luego lo envolverá apretadamente. Ahora puedes sostenerlo por tanto tiempo como quieras. Puede que él quiera lactar ahora.

Éste puede ser un tiempo muy emocional. Algunas mujeres pueden sentir un amor abrumador por sus bebés inmediatamente. Otras no pueden creer que el parto ocurrió. Algunas pueden preguntarse si pueden cuidar de una persona tan pequeña. Todos estos sentimientos son normales en este momento.

Puede que tú y tu pareja quieran tomar notas acerca del nacimiento de tu bebé en la próxima página. Esto te ayudará a recordar este día especial.

Sorpresas en el parto

Parto prematuro

Un bebé que nace antes de las 37 semanas se llama prematuro. Los gemelos y los bebés múltiples frecuentemente vienen temprano. Un bebé prematuro necesita cuidado adicional después del parto. Pero aún hoy, muchos bebés prematuros muy pequeños crecen a ser personas saludables.

Un bebé prematuro que necesita mucho tratamiento puede ser llevado a una guardería de cuidado especial (la unidad de cuidado intensivo para recién nacidos o NICU, por sus siglas en inglés). Esto puede ser en otro hospital. Si esto sucede, trata de pasar tanto tiempo allí como te sea posible. Tu bebé necesita escuchar tu voz y sentir tu tacto aún cuando él es muy pequeño.

Bebé de bajo peso al nacer

Algunos bebés nacidos después de las 37 semanas son más pequeños de lo normal, por debajo de las 5 1/2 libras

(2500 gramos). Estos bebés pueden ser pequeños porque tienen otros problemas de salud. A menudo necesitan cuidado especial. Como con los bebés prematuros, con buen cuidado la mayoría crecen a ser personas saludables.

Parto por cesárea

Si no esperabas tener una cesárea, puede que te sientas muy alterada o decepcionada después. Puede que creas que has fallado. Trata de recordar que hiciste lo mejor que pudiste.

¡El día de nacimiento de mi bebé!

El nombre de mi bebé es _____

El bebé nació en _____ (fecha)

a las _____ (hora) de la mañana __ o de la noche __.

Peso: _____ libras

Largo: _____ pulgadas

Tamaño de cabeza (circunferencia): ____ pulgadas

Primera señal de parto: _____

Fecha y hora que llegue al hospital o centro de parto _____

Estuve en trabajo de parto por _____ horas.

Cosas que hice para ayudar al parto a progresar bien _____
_____

Medicamentos para el dolor que me fueron administrados, si algunos _____

Cosas especiales hechas por mi médico o enfermera partera para ayudarme a parir a mi bebé
_____
_____
_____

Cómo me sentí inmediatamente después del parto __
_____

Comentarios hechos por mi pareja de parto _____
_____

Comentarios hechos por mi médico o enfermera de parto
_____
_____

¿Qué sucede ahora?

Ahora que el bebé ya nació, finalmente puedes verla y sostenerla. ¡Que tiempo más emocionante! Saca un tiempo para sostener a tu bebé cerca de ti inmediatamente después del parto. La mayoría de los recién nacidos están completamente despiertos por 1 a 2 horas después del nacimiento. Luego toman un largo sueño.

Ahora es un buen tiempo para comenzar a amantar. El colostro en tus senos le da un buen comienzo. Déjalo lactar antes que esté somnoliento.

No te sorprendas si la cabeza y la nariz de tu bebé se ven extrañas. Esto se debe al haber sido comprimido a través del canal de parto. Estas regresarán a su forma normal en un día o dos.

Pronto después del parto, tu infante será pesado y medido. Se le dará una inyección de vitamina K para prevenir posibles problemas de sangrado. Se colocará medicina en sus ojos para prevenir una infección. Puede que ésta enrojezca sus ojos por uno o dos días.

Tu enfermera partera o las enfermeras del hospital te ayudarán a comenzar a alimentar y a cuidar de tu bebé. Las enfermeras son buenas maestras. Hazles cualquier pregunta que tengas.

Regreso a casa

Si tú y tu bebé están bien, probablemente regresarán a casa dentro de un día o dos después del parto. Si tuviste un parto por cesárea, necesitarás quedarte más tiempo para recuperarte. Si tu bebé es muy pequeño o tuvo problemas durante el parto, probablemente él se quedará más tiempo que tú.

Una visita en el hogar por una enfermera puede ser muy útil para los nuevos padres. Si tu hospital o plan médico no ofrece este servicio, pregunta si puedes recibir una visita en el hogar.

Tu proveedor del cuidado médico, el médico o la enfermera practicante de tu bebé, y el hospital o centro de parto son todos tienen personas que te pueden ayudar, día o noche.

Coloca una foto de tu
bebé o tu bebé y un
árbol genealógico

Capítulo 11

Lo básico del cuidado de recién nacidos

El cuidado de nuevos bebés es muy básico: mantén a tu bebé caliente, alimentado, cómodo y limpio. Puede que tome un poco de práctica para que seas buena haciendo estas cosas. Tu bebé sobrevivirá mientras aprendes. La enfermera, partera o doula te ayudará a aprender estas cosas básicas antes que te lleves al bebé para tu casa.

Lo más importante es ser afectuosa y amorosa con tu bebé. La otra cosa importante es descansar tanto como sea posible, para que tu cuerpo pueda sanar. Pídele a otros que hagan algunas cosas para ayudarte, tales como la lavandería, el cocinar, ir de compras y la limpieza de la casa.

Ve el Capítulo 15 para las señales de advertencia a saber.

Ve el Capítulo 12 para detalles acerca del alimentar a tu bebé.

Cómo se ve tu bebé recién nacido

Un bebé que acaba de nacer se ve muy diferente de un bebé que apenas tiene un mes. Un bebé recién nacido normal cambiará mucho en las primeras semanas.

La cara de tu bebé puede parecer un poco hinchada. Sus párpados pueden estar hinchados del medicamento para los ojos que se les administra a todos los recién nacidos. Sus ojos pueden apuntar hacia direcciones diferentes. Si tuviste un parto vaginal, su cabeza probablemente tendrá forma de cono y su nariz estará achatada. Esto viene de haber sido comprimida a través del canal de parto.

La piel de tu bebé puede tener un color rojizo, con pequeños puntos blancos (milia) en su nariz, mejillas y mentón. La cubierta blanca sobre su piel después del nacimiento puede permanecer en los dobleces de la piel. Puede que ella tenga un cabello fino y suave en su espalda y cara (lanugo). El lanugo se encuentra mayormente en los bebés prematuros. Su piel puede estar reseca y descascarándose. Esto es más probable en los bebés que nacen tarde.

Su cabeza tendrá dos áreas blandas llamadas fontanelas. Éstas son lugares donde los huesos de su cráneo no se han unido todavía. Puedes sentir una fontanela grande en la parte superior de la cabeza y otra pequeña en la parte de atrás. Las fontanelas se cerrarán lentamente para alrededor de los 18 meses de edad. Por ahora, una capa fuerte debajo de la piel protege a su cerebro.

¿Qué puede hacer un recién nacido?

Tu bebé puede ver cosas cerca de ella. Ella será capaz de ver tu cara cuando la sostienes. Ella puede escuchar y le gustan las voces calmadas, suaves y agudas. Ella puede degustar y oler.

Tu nuevo bebé se mueve automáticamente en ciertas maneras. Éstas se llaman reflejos y desaparecerán a medida que ella se desarrolla. La veras:

- Virar su cabeza y abrir su boca (llamado "reflejo de búsqueda") al rozarle su mejilla
- Sobresaltar (dar un pequeño brinco, estar sorprendida) cuando escucha un sonido fuerte.
- Agarrar tu dedo apretadamente cuando le tocas la palma
- Levantar un pie si la sostienes con los pies tocando una superficie

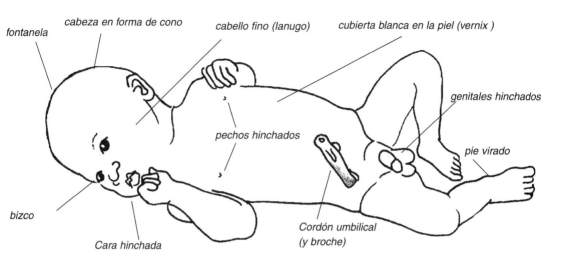

fontanela

cabeza en forma de cono

cabello fino (lanugo)

cubierta blanca en la piel (vernix)

genitales hinchados

pechos hinchados

pie virado

bizco

Cordón umbilical
(y broche)

Cara hinchada

Cómo se ve un bebé recién nacido

El primer día

Alimentar a tu recién nacido

Tu bebé sabe como chupar, así que ofrécele tu pecho inmediatamente después del parto. Muchos bebés están muy alertas durante las primeras horas y después se duermen. Ella puede estar lista para prensarse (engancharse) inmediatamente. Puede que durante el primer día o dos, ella no tenga mucha hambre. Es normal si ella no quiere lactar muy a menudo durante este tiempo.

Las cosas más importante de la lactancia son:

• Sostener a tu bebé de manera que su barriguita esté contra tu pecho.

• Asegurarte que su boca esté completamente abierta y que sus labios estén hacia fuera, para que meta la aureola (el área oscura alrededor del pezón) en su boca junto con el pezón.

• Evitar dar agua o fórmula en biberón, lo cual hace que tenga menos hambre para la leche materna.

Las enfermeras o un experto (o especialista) de lactancia te ayudará a comenzar. Si tienes preguntas, asegúrate de preguntar antes de regresar a casa. Si surgen problemas después de regresar a casa, llama inmediatamente para que te aconsejen.

Un especialista de lactancia te puede ayudar a comenzar con la lactancia

Si has decidido no lactar, da solamente pequeñas cantidades de fórmula al comienzo. Los recién nacidos tienen estómagos muy pequeños y puede que no tengan mucha hambre.

Para muchos detalles importantes acerca de la alimentación lee el Capítulo 12.

Sostenerla y consolarla

A los bebés les encanta que los sostengan, los mezan y que los llevan de paseo. Les encanta el movimiento. El pasear y mecer a tu bebé le provee a los bebés el mismo movimiento que sentían en el útero.

Acurruca a tu bebé contra tu pecho para que ella pueda escuchar los latidos de tu corazón, sentir tu calor y oler el aroma de tu cuerpo. Acaricia su cuerpo.

Háblale en una voz suave. A los bebés les gustan los sonidos agudos sonsonetes. Trata de no sentirte tonta al hablar de esta manera—es natural. Puedes usar palabras reales, no solo el "lenguaje infantil".

El chupar es confortante para un bebé aún cuando ella no tenga hambre. Lávate las manos y déjala chupar tu dedo meñique.

A tu bebé probablemente le guste estar envuelto cómodamente con una cobija fina (ve las ilustraciones). Esto la hace sentirse segura, de la misma manera en que ella estaba contenida en tu útero. Observa cómo la enfermera envuelve la cobija y la mete por dentro.

    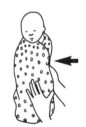

1. Coloca la cabeza del bebé sobre una esquina de una cobija para envolver.

2.Luego envuelve una esquina alrededor de su cuerpo y métela debajo de ella.

3. Hala la esquina de abajo hacia arriba hasta su pecho.

4. Finalmente, envuelve la otra esquina por encima de sus brazos.

5. Mete la esquina debajo de tu bebé.

Envolver a tu bebé

Cuando tu bebé llore, trata de descifrar qué te está diciendo. ¿Tiene hambre, está mojada, cansada o sola? Tendrás que aprender cómo conocer qué necesita ella. Puede que ella solo quiera estar acurrucada. Caminar lentamente con ella en tus brazos puede ser muy calmante.

Puede que a tu nuevo bebé le guste ser sostenida con su piel contra tu pecho desnudo, con una cobija ligera sobre ambas. Esto se llama cuidado del canguro. Es especialmente bueno para los recién nacidos prematuros y les puede ayudar a crecer bien.

Para más detalles acerca del comportamiento, lee el Capítulo 13.

Primeros pasos para el cuidado de bebés

Mantenla caliente.

Los nuevos bebés están acostumbrados al calor de tu cuerpo. Mantén el cuerpo de tu bebé cubierto ligeramente mientras esté dentro de la casa. Usa un pequeño sombrerito para evitar que pierda calor a través de su cabeza durante los primeros días. Sin embargo, no la cubras con demasiadas capas a menos que la habitación esté muy fría o si vas a salir afuera en un día fresco. Ella podría desarrollar una fiebre si está cubierta con demasiadas cobijas.

¿Cómo puedes descifrar si tu bebé está lo suficientemente caliente? Su espalda y barriguita deberían sentirse tibias como tu cuerpo pero no calientes ni sudadas. Es normal que las manos y pies de un bebé se sientan fríos.

Mantenla limpia

Cambia el pañal de tu bebé frecuentemente para proteger su piel delicada. Algunos bebés lloran al cambiarle el pañal porque sienten frío cuando están desnudos. Asegúrate de lavar bien tus manos con jabón antes y después de cambiarla.

Es bueno examinar su pañal frecuentemente. Los pañales mojados te dicen que ella está tomando suficiente leche materna o fórmula. Después que la alimentación vaya bien, ella debería tener al menos 6 a 8 pañales mojados cada día.

Mantenla alejada de los gérmenes

Lávate tus manos frecuentemente cuando cuides de tu bebé. Asegúrate que las otras personas que cuidan o juegan con ella también se laven las manos primero. Aún si las manos parecen estar limpias, pueden tener gérmenes.

Mantén a tu bebé lejos de personas con resfriados u otras enfermedades que ella pueda adquirir. Es mejor no llevar a tu bebé a lugares con muchas personas, tales como tiendas o fiestas, hasta que ella sea más grande. Esto es particularmente importante si ella fue prematura o tiene problemas respiratorios.

Para detalles importantes acerca del cuidado de bebés, lee más adelante en este capítulo.

Mantén a tu bebé segura

Las dos preocupaciones de seguridad más importantes con los nuevos bebés son el Síndrome de Muerte Súbita Infantil (SIDS, por sus siglas en inglés) y las lesiones por accidentes automovilísticos.

Lo básico de la seguridad al dormir:

- Siempre acuesta a tu bebé a dormir sobre su espalda (boca arriba) a menos que haya una razón médica para acostarla boca abajo.
- Déjala dormir en la misma habitación que tú pero en su propia cuna.
- Usa un colchón firme y mantén las almohadas y las cobijas fuera de la cuna.
- Vístela con ropa caliente y mantén su habitación fresca. Ella debería estar tibia pero no caliente.
- Mantenla lejos de los lugares llenos de humo.
- Láctala.

Lo básico de la seguridad automovilística:

- Asegúrate de usar un asiento de auto para niños en cada viaje en auto.
- Abrocha el arnés apretadamente sobre ambos hombros y entre sus piernas.
- Ancla el asiento apretadamente en el asiento de atrás, mirando la parte de atrás del auto.

Para más detalles importantes acerca de seguridad, lee el Capítulo 14.

Está pendiente de las señales de problemas de salud

Lee el Capítulo 15, página 207, para las señales de enfermedades serias que deberías conocer. Asegúrate de llamar al médico o la enfermera inmediatamente si tu bebé tiene alguna de ellas.

Puede que estas cosas nunca sucedan, pero—si suceden—debes estar lista para llevar a tu bebé al médico o a la enfermera practicante.

Está pendiente de la diarrea severa, los vómitos o la dificultad al respirar. No puedes esperar que ninguno de estos problemas se resuelva por su cuenta.

Antes de llevarte a tu bebé a casa

- Asegúrate que sabes a quién llamar si tú o tu bebé tienen problemas de salud.

- Obtén el nombre y el número de teléfono de un consultor de lactancia.

- Asegúrate que tu bebé haya comenzado a lactar. Aprende a sostenerla de frente a tu seno. Practica a sacar (expresar) una pequeña cantidad de leche de tu pezón con tus dedos.

- Abrocha el asiento de auto para tu bebé en el asiento de atrás del auto para el viaje a casa. Quítale las cobijas de envolver antes de colocarla en el asiento de auto. Coloca una cobija sobre el arnés si el clima está frío.

- Haz una cita para llevar a tu bebé a su médico o enfermera practicante para su primer examen médico.

La primera semana en casa

Sostener y cargar a tu bebé

A los bebés les gusta que los sostengan. Sostenla tan a menudo como ella quiera. No la vas a malacostumbrar por sostenerla.

Mantén una mano detrás de la cabeza de tu bebé. La cabeza de un bebé es pesada y su cuello no es lo suficientemente fuerte para sostenerla. Sostenla sobre tu hombro, acurrúcala en un brazo o mete sus pies debajo de tu brazo (agarre de fútbol), siempre aguantando su cabeza.

Una manera de tener a tu bebé cerca de ti mientras haces otras cosas es usar un portabebé o un cargador frontal. Esto hace fácil el caminar, hacer quehaceres del hogar o el ir de compras con tu bebé. Esto puede ser muy calmante para un bebé fastidioso o uno que no se duerme fácilmente.

Mantener al bebé limpio

Las defecaciones del bebé

Lo que entra, tiene que salir. Todos los padres tienen que lidiar con limpiar el trasero de su bebé, aún si no es muy divertido.

No te sorprendas por las primeras defecaciones (heces) de tu recién nacido. Estas serán gruesas y negras. Las próximas serán verdosas. Luego de esas, serán amarillas. Ellas pueden tener muy poco olor hasta que tu bebé comience a comer alimentos sólidos.

Las defecaciones de tu bebé se verán diferentes dependiendo de si le alimentas fórmula o leche materna.

- La leche materna produce heces amarilla clara y blandas, como mostaza grumosa. En las primeras semanas, un bebé puede tener 8 a 10 defecaciones cada día. Más tarde, una defecación por día o cada varios días es común.

- La fórmula produce heces color café claro o amarillas (tan firmes como la mantequilla de maní). Un bebé frecuentemente tendrá una a dos defecaciones cada día.

Si las defecaciones se vuelven duras y secas, puede que tu bebé no esté recibiendo suficientes líquidos. Esto también puede suceder si ella ha tenido vómitos o fiebre. Llama al médico o la enfermera practicante de tu bebé.

*Genitales: El pene de un niño o la vulva de una niña

Limpiar los genitales* de tu bebé

Las toallitas de bebés son útiles pero no necesarias. Puedes usar agua tibia y bolas de algodón o toallitas. Limpia con jabón después de las defecaciones. Enjuaga y seca con bolas de algodón o toallas.

Siempre limpia los genitales de tu bebé de adelante hacia atrás, tengas un niño o una niña. Esto evita que los gérmenes de las heces lleguen a la abertura de los genitales de tu bebé.

Si tu bebé varón no está circuncidado, no trates de halar el prepucio de su pene hacia atrás. Éste no estará suelto hasta aproximadamente los 2 años de edad.

Una niña recién nacida puede tener un poco de secreción sanguinolenta o lechosa de su vagina. Esto es normal en la primera semana.

Evita usar aceite o talco de bebé. Aunque los venden para bebés, éstos pueden irritar la piel. El polvo hecho con talco (polvo talco) puede ser muy malo para los pulmones de un bebé.

Cuidado de un pene circuncidado

La circuncisión de un bebé varón puede tomar una a dos semanas para sanar. Mientras está sanando, limpia el pene muy suavemente todos los días. Gotea agua tibia con jabón suavemente sobre él. Enjuágalo goteando agua tibia limpia sobre el pene y sécalo suavemente.

Pregúntale a tu médico o enfermera practicante si necesitas usar un ungüento en la circuncisión. Si el pene tiene un anillo plástico sobre él, no uses el ungüento. Deja que el anillo se caiga por su cuenta.

No cierres el pañal muy apretadamente. No acuestes a tu bebé sobre su barriga hasta que el pene haya sanado.

Llama al médico o enfermera si notas sangrado, señales de infección (pus blanco, enrojecimiento, hinchazón) o si tu bebé tiene dificultad para orinar.

Evitar el sarpullido de pañal*

Es fácil evitar el sarpullido de pañal si tu:

*Sarpullido de pañal:
Un sarpullido rojo y abultado alrededor de los genitales y las nalgas.

- Cambias el pañal de tu bebé tan pronto como sea posible después de cada defecación y cada dos a tres horas cuando esté mojado.

- Secas el área bien después de cambiar el pañal.

- Dejas que tu bebé se quede acostado sin el pañal por un rato cada día. El aire ayuda a prevenir el sarpullido de pañal. Acuéstala boca abajo y desnuda sobre una almohadilla a prueba de agua cubierta con un pañal o una toalla.

Si tu bebé sufre de sarpullido de pañal, asegúrate de cambiar los pañales frecuentemente. Limpia bien el área con agua tibia. Deja a tu bebé acostada con su trasero desnudo cada día. Coloca un ungüento para bebés (tales como el ungüento A & D u óxido de zinc) sobre el sarpullido cuando cambies los pañales. Si no mejora pronto, llama al médico o la enfermera. Puede que sea una infección.

Cuidado del vástago del cordón umbilical

Mantén el vástago limpio y seco. Limpia el vástago y el área de la base con agua tibia una vez al día y si se ensucia con heces. Algunos proveedores de cuidado médico sugieren usar alcohol isopropílico* en lugar de agua. Deja que el vástago se seque al aire y dobla la parte superior del pañal debajo de él. El vástago se secará y se volverá negro y luego se caerá en una a dos semanas. Nunca trates de arrancarlo.

* **Alcohol isopropílicol:** El tipo de alcohol que se usa para matar gérmenes (no para beber).

Llama al médico o la enfermera de tu bebé si la piel alrededor del vástago se enrojece o comienza a exudar pus del área. (Un poco de sangrado es normal cuando se caiga el vástago.)

Bañar a tu nuevo bebé

Si mantienes la cara, el cuello, el cordón y los genitales limpios, ella necesitará un baño cada varios días. Cuando sea más grande, puede que ella disfrute un baño más frecuente.

Algunos proveedores de cuidado médico aconsejan dar un baño de esponja hasta que el cordón se haya caído. También, si tu bebé fue circuncidado puede que quieras dar baños de esponja hasta que el pene haya sanado. Pregúntale a tu proveedor si él o ella cree que los baños de esponja son mejores.

Algunos bebés, especialmente los prematuros, pueden beneficiarse de ser bañados mientras están envueltos. Básicamente, esto permite que un bebé esté envuelto y se mantenga caliente mientras se exponen y lavan las partes de su cuerpo una a la vez. El bebé puede colocarse en una bañera con una cobija alrededor de ella.

Prepararse para el baño

Asegúrate que la habitación esté cálida. El fregadero de la cocina es un buen lugar para dar un baño porque puedes pararte cómodamente. Usa una bañera de bebé o coloca un cojín de espuma o una toalla suave en el fondo del fregadero limpio.

Recopila todas las cosas que necesitas antes de comenzar el baño. Esto es más fácil que tener que buscar las cosas mientras tu bebé está mojado y enjabonado. Ten estas cosas a tu alcance:

- Toalla para lavar y un vaso plástico (para echar agua)
- Jabón suave sin perfume, champú para bebé
- Varias toallas
- Ropa limpia
- Pañal limpio

Dar un baño de esponja

Dale un baño de esponja a tu bebé en una superficie ancha y plana (mesa o mostrador) en una habitación tibia. Recopila todas las cosas que necesitas. Ten dos tazones de agua tibia a tu alcance. Coloca un poco de jabón suave en una.

- Acuesta a tu bebé sobre una toalla limpia.
- Limpia y seca su cara antes de desvestirla a menos que la habitación esté bastante cálida.
- Lava, enjuaga y seca una parte de su cuerpo a la vez. Comienza con su cara y termina con su trasero.
- Siempre mantén una mano sobre ella para que no se caiga.
- Lava su cabello con agua fresca después que su cuerpo esté limpio y esté envuelta en una toalla.

Baño en bañera

Después que el cordón haya sanado (y la circuncisión si tu niño fue circuncidado), puedes lavar a tu bebé en un fregadero o en una bañera pequeña. Coloca dos a tres pulgadas de agua tibia en la bañera. Un cojín de espuma ayudará a evitar que ella se deslice demasiado.

- Ten todo lo que necesitarás cerca. Prueba el agua con tu codo para asegurarte que no está muy caliente.
- Sostén a tu bebé con un brazo detrás de la cabeza y hombros. Enjabona y enjuaga con la otra.
- Nunca dejes a tu bebé a solas en la bañera—¡ni siquiera por un momento! Siempre tienes que sostener su cabeza y hombros. Un bebé se puede ahogar rápidamente y silenciosamente si se deja solo.

Los bebés no necesitan aceite ni polvo en su piel después de un baño. Si quieres usar polvo, evita usar el "polvo de bebé" u otros productos hechos con talco o maicena. Estos pueden causar problemas de salud.

Limpiar las encías y los dientes

Tu bebé no tendrá su primer diente por al menos unos meses. Antes que éstos salgan, es buena idea limpiar sus encías con un paño limpio todos los días. Esto ayuda a que se acostumbre al sentimiento de la limpieza de sus dientes. Una vez que su primer diente comience a salir, continúa limpiándolas todos los días o usa un cepillo de dientes para bebés muy suave sin pasta dental. Evita la pasta dental hasta los 2 años de edad, cuando puedes comenzar a usar una pequeña cantidad de pasta (del tamaño de un grano de arroz).

"A mi bebé no le gustó que le cepillara los dientes. Me hubiese gustado haber comenzado a limpiar sus encías más temprano."

Es importante prevenir las caries en los dientes del bebé. Tu bebé necesita esos dientes para muchas cosas además de masticar la comida. Éstos son necesarios para aprender a hablar y mantienen el espacio en las encías para el segundo grupo de dientes (de adultos).

Vestir para estar adentro o afuera

A menos que ella sea prematura, tu bebé necesita usar ropa solamente un poco más caliente que la que tú usas. Vístela con una capa de ropa más que la que tú estás usando. Durante la primera semana o dos cubre su cabeza con un pequeño sombrero. Esto ayudará a evitar que pierda calor a través de su cabeza. Si el clima está muy frío o caliente, es mejor mantener a tu bebé adentro durante las primeras semanas.

Las cobijas pesadas pueden hacer que tu bebé se caliente demasiado. A menos que tu bebé sea muy pequeño (menos de aproximadamente 4 1/2 libras) o está afuera en el clima frío, ella no necesita estar cubierta con cobijas gruesas. Un sombrero caliente puede ser muy útil, sin embargo, en el clima frío.

Protégela del sol

Un infante puede quemarse con el sol muy fácilmente, bien sea su piel clara u oscura. Mantenla en la sombra o ligeramente cubierta si está afuera en un día soleado entre las 10 AM y las 3 PM. El sol puede quemar aún si hay nubes o si hay un sol brillante sobre la nieve.

Es mejor no usar bloqueadores solares en bebés menores de 6 meses de edad. En cambio, cubre a tu bebé. Vístela con ropa que cubra sus piernas y brazos. Un sombrero con un ala ancha protegerá su cara, orejas y cuello.

Después de los primeros seis meses, tu puedes usar un bloqueador solar con un Factor de Protección Solar (SPF) de 15 o más. No lo coloques en sus manos ni en otras partes que ella podría ponerse en la boca.

Cuando un bebé necesita cuidado especial

Algunos bebés recién nacidos tienen defectos congénitos u otros problemas de salud, como bajo peso al nacer o nacimiento prematuro. Algunos de estos problemas pueden explicarse, pero otros simplemente suceden. Algunos son más serios que otros. Si tu bebé tiene una necesidad de cuidado especial, trata de no culparte por ello. Es mejor concentrarte en hacer que ella se mejore y se vaya a casa.

Puede que tu bebé necesite quedarse en el hospital para cuidado intensivo. Ella puede estar en la unidad de cuidado intensivo para recién nacidos (NICU, por sus siglas en inglés) en un hospital para niños. En el NICU, el cuidado se planifica para ayudar al bebé sentirse cómodo, un poco como si estuviese en el útero. Las luces se mantienen bajas. La habitación es tan callada como sea posible. Puede que los gemelos o múltiples se coloquen en la misma cama. Se ha demostrado que este tipo de cuidado ayuda al bebé a desarrollarse tan bien como sea posible.

Si es posible, sostén a tu bebé acurrucándola contra tu pecho, piel a piel todos los días. Esto se llama cuidado de canguro. ¡A cualquier bebé nuevo le gustaría esto! Los papás también pueden hacerlo.

Es importante que tanto tú y el padre de tu bebé estén con tu bebé en el hospital tanto como sea posible. Ella necesita escuchar sus voces y sentir su tacto. Esto es tan importante como todos los tubos, máquinas y medicinas. El estar con ella le ayudará a sanarse. El pasar tiempo con ella también te ayudará a aprender cómo cuidar de ella cuando regrese a casa.

"Cuando mi bebé era pequeñita, tanto a su padre como a mi nos encantó el sostenerla contra nuestros pechos. Parecía que a ella también le gustaba".

Manejar tus sentimientos

Si tu niño tiene problemas de salud al nacer puede ser una gran sorpresa para ti. Los padres de un bebé que no nace exactamente como ellos esperaban frecuentemente se sienten asustados, tristes, culpables o enfadados. Estos sentimientos son normales.

Aquí tienes algunas manera de lidiar:

- Pasa tanto tiempo como sea posible con tu bebé.

- Trata de estar en el NICU cuando el médico examina a tu bebé cada día, para que puedas hacer preguntas. Si hay algo que no entiendes, asegúrate de pedirles a los profesionales del cuidado médico que te expliquen.

- Conoce tanto como sea posible acerca de la condición de tu bebé. Pídele ayuda al trabajador social del hospital para conseguir la información. Busca en el Internet.

- Pide una segunda opinión de otro médico si no estás segura acerca de aprobar cualquier tratamiento.

- Habla con el trabajador social acerca de tus sentimientos. Las parejas pueden necesitar apoyo de profesionales y de otros padres para pasar a través de este tiempo dificil. El trabajador social te puede poner en contacto con un grupo de apoyo de padres.

El cuidado médico moderno ayuda a que muchos bebés con necesidades especiales lleven una vida saludable y feliz. Tu bebé necesitará tu amor y atención. El cuidar de ella puede ser muy difícil y muy especial al mismo tiempo.

Ve el Capítulo 15 para detalles de cómo cuidar un bebé enfermo.

Capítulo 12

Alimentar a tu recién nacido

Tu tarea más importante

El momento de comer puede ser un tiempo calmado y
tranquilo para ti y tu bebé. Los bebés son más felices y
crecen mejor si son alimentadas cuando primero muestran
señales de hambre. Cuando los padres responden rápido a
las necesidades de un bebé, el bebé comienza a confiar en
las personas. Si un padre hace que el bebé espere, el bebé
aprende que puede que las personas no lo ayuden.

Tu bebé necesita más comida algunos días que otros.
Aliméntalo cuando él comience a actuar hambriento.
Cuando él esté creciendo más rápido, le dará hambre más
frecuentemente. Un bebé que está lactando chupará más
cuando tiene hambre. Esto hace que los senos produzcan
más leche. Si alimentas con fórmula a tu bebé, hallarás que

Este capítulo incluye::

Lo básico del alimentar a tu bebé, página 164

- Señales de hambre
- Señales que tu bebé está recibiendo suficiente leche

Lo básico de la lactancia, página 166

- Sostener, enganche, ayuda con problemas

Lo básico de la alimentación con biberón, página 174

- Alimentar leche materna o fórmula con biberón
- Alimentar con fórmula

él tomará más en algunas alimentaciones que en otras. Deja que él te diga cuánto necesita.

Lo básico de la alimentación

Conoce las señales de hambre

Trata de alimentar a tu bebé antes que comience a llorar. ¿Cómo puedes saber si tiene hambre? Está alerta para estas señales:

- Chupa su puño
- Hace pequeños ruidos suaves
- Vira su cabeza hacia tu pecho cuando lo sostienes

Algunos bebés recién nacidos están somnolientos y necesitan ser despertados para comenzar a alimentarlos. Es importante para un nuevo bebé que no pasen más de dos o tres horas entre alimentaciones. Puedes despertarlo suavemente cambiándole el pañal, quitándole alguna de su ropa, frotándole la espalda o sosteniéndolo verticalmente.

Un tiempo especial

El alimentar puede tomar algún tiempo, así que asegúrate que ambos estén cómodos antes de comenzar. Coloca una almohada firme en tu falda para apoyar tu brazo y a tu bebé. Esto ayudará a que ambos se relajen. Ten un vaso de agua a tu alcance. Escucha un poco de música suave y lenta.

Presta atención a tu bebé mientras lo estás alimentando. Vira tu cara hacia él y sonríe. Háblale suavemente o cántale una canción suave. Usa este tiempo para ayudarlo a sentirse seguro y amado.

¿Cómo sabes cuando está saciado?

Los bebés por lo general saben cuando están saciado. Al principio, el estómago de tu bebé es muy pequeño, así que no podrá comer mucho en una alimentación. Tratar de hacer que tu bebé coma más de lo que quiere no es saludable para él y es frustrante para ustedes dos.

Está pendiente para estas señales para que puedas detener la alimentación cuando él haya comido suficiente.

* Deja de chupar y no necesita eructar.
* Vira su cabeza para el otro lado del seno (o empuja el biberón).
* Comienza a quedarse dormido.

Si tu bebé comienza a dormirse después de alimentarlo por sólo unos minutos, ayúdalo a despertar. Sostenlo, hazlo eructar o cámbiale el pañal. Luego ofrécele el pezón nuevamente.

¿Tu bebé está recibiendo suficiente alimento?

Alimenta a tu bebé tanto como quiera cuando tenga hambre. Aquí tienes unas señales de que está recibiendo suficiente:

* Tiene al menos seis a ocho pañales mojados cada 24 horas. Sus defecaciones deberían ser suaves.
* Está aumentando de peso. (Es normal perder un poco de peso durante la primera semana después del nacimiento.).
* Tiene sueño o está calmado después de comer y eructar.

Un bebé de menos de 6 meses de edad debería recibir suficiente alimento del pecho o del biberón. No debería necesitar ningún otro alimento.

Es difícil saber si un pañal desechable está mojado. Puedes saber sosteniéndolo contra la luz y compararlo con uno seco. También puedes colocar un pedazo de papel higiénico dentro del pañal. El papel higiénico se quedará mojado

Hacer eructar es parte de la alimentación

Los bebés generalmente tragan un poco de aire cuando están comiendo. Frecuentemente, necesitan eructar a mitad de alimentación y al final.

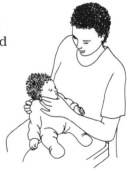

Sostén a tu bebé sobre tu hombro, sobre tus rodillas o en tu falda. Dale palmadas o frota su espalda suavemente por varios minutos. Puede que salga un poco de leche con el eructo. Esto es normal, así que ten un paño a la mano para proteger tu ropa.

Advertencia: Si el bebé vomita con fuerza, de manera que el líquido salga disparado por varios pies fuera de su boca, puede que él tenga un problema serio. Llama al médico o a la enfermera inmediatamente.

Hacer eructar a un nuevo bebé

Si estás alimentando fórmula a tu bebé ve a la página 174.

Lactancia: Comenzar

La leche materna está hecha especialmente para los bebés. Es el alimento perfecto durante el primer año de vida. La leche de tus senos producida durante los primeros días es especialmente nutritiva. La leche materna cambia a medida que las necesidades de tu bebé cambian. (Para más información acerca de por qué la lactancia es importante para tu bebé ve el Capítulo 6.)

Un bebé no necesita otro alimento hasta los 5 ó 6 meses de edad. Espera hasta que él muestre interés en ellos y pueda sentarse y tragar bien. La Academia de Pediatría recomienda alimentar solamente leche materna por al menos los primeros 6 meses.

La mayoría de los bebés están listos para lactar inmediatamente. A muchas madres les encanta lactar a sus bebés durante la primera hora o dos después del nacimiento. Sin embargo, los medicamentos administrados a algunas mamás durante el parto pueden darle sueño a su bebé o hacerlos perder el interés en alimentarse durante el primer día. Si esto sucede, no te preocupes. Tu bebé tendrá hambre pronto.

Si el lactar no se hace fácil para ti ni para tu bebé, puedes aprender a hacerlo funcionar. A medida que ambos se acostumbran a la lactancia, se hará más fácil.

Asegúrate de obtener ayuda inmediatamente si tienes cualquier preocupación (ve más abajo). Generalmente hay una respuesta.

Aprender a lactar

¿Cómo puedes aprender? Si tienes amigas que han lactado a sus bebés, probablemente has visto cómo hacerlo. Si no, o si tu bebé tiene problemas para comenzar, hay personas que te pueden ayudar. Las enfermeras del hospital o del centro de parto estarán animadas a ayudarte a comenzar

Pídele a tu médico o enfermera partera el nombre y número de teléfono de un consultor de lactancia. De esa forma tendrás a alguien a quien llamar si tienes preguntas o problemas después de salir del hospital. Los consultores de lactancia son enfermeras u otras personas con entrenamiento especial y experiencia con muchas madres lactantes. Las consultoras que están certificadas usan estas iniciales, IBCLC, después de sus nombres.

También puedes llamar a un miembro local de un grupo internacional de lactancia, La Liga de la Leche (ve el Capítulo 17). Los miembros son mujeres que han lactado a sus bebés. Ellas te pueden dar su sabiduría y su apoyo.

Tus senos

Tus senos serán más grandes cuando están produciendo leche regularmente. Tu pezón y aureola también serán más grandes.

Dentro de tus senos hay glándulas que producen leche. Éstas se sienten como nódulos alrededor de toda el área de tu seno. Puede que hasta las sientas cerca de tu axila. Tubos (conductos) llevan la leche de las glándulas hasta tus pezones.

Después que tu bebé comienza a chupar, es probable que sientas tus senos "soltarse". Esto ocurre cuando la leche (llamada leche posterior) comienza a fluir de las glándulas. Esta leche es más rica que la que sale durante los primeros minutos. Es importante dejar a tu bebé chupar cada seno tanto como sea posible, para que reciba la leche posterior. Esto también es importante cuando extraes la leche con un sacaleche (extractor de leche).

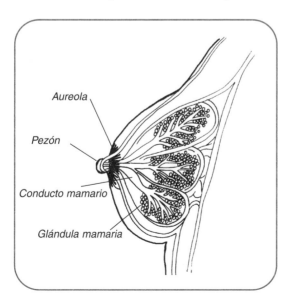

Aureola

Pezón

Conducto mamario

Glándula mamaria

Cuando te "llega" la leche

Durante los primeros días, tus senos producirán colostro, la primera leche que es rica en anticuerpos. Es clara o amarillenta.

Después de dos o tres días, tus senos comenzarán a llenarse de leche. Esta leche es fina y azulada. Durante este tiempo, tus senos se volverán duros y dolorosos (ingurgitados) naturalmente. Lacta tan frecuente como sea posible para hacer que tus senos se sientan mejor. Coloca paños tibios sobre tus senos o dales un masaje antes de lactar para ayudar a que la leche fluya mejor. Solo estarán así por varios días. Luego de esto, tus senos estarán grandes pero no dolorosos, a menos que dejes de lactar repentinamente.

Si tu aureola se vuelve tan dura que tu bebé no la puede tomar en su boca, expresa (exprime) un poco de leche a mano. Esto hará que tu pezón esté más suave. Masajea o presiona tu seno firmemente con tus dedos por todos lados hacia la aureola. Luego, coloca tu dedo pulgar sobre la aureola y los otros dedos debajo de ella, y aprieta y suelta la aureola.

Expresar la leche materna a mano.

Lo básico para la lactancia feliz

Puede que la lactancia no te venga naturalmente, pero casi cualquier mujer puede hacerlo. Una vez comienzas, generalmente es una experiencia muy alegre.

Sigue estos pasos básicos:

1. Sostén a tu bebé de manera que su barriguita este de frente a tu cuerpo. Su cabeza debería estar de frente a tu pezón, de forma que él no tenga que virar su cabeza para alcanzarlo.

2. Agarra el seno fuera de la aureola con el dedo pulgar por arriba.

3. Haz que tu bebé abra grande la boca tocando su labio inferior con el pezón. Trata de abrir tu boca— puede que él también la abra.

Agarra el seno y hala al bebé hacia él cuando éste abra la boca.

4. Cuando el abra la boca grande, hálalo hacia ti. Mete el pezón y la aureola profundamente dentro de su boca.

5. Asegúrate que él hale parte de la aureola dentro de la boca. El chupar solamente en el pezón no funcionará. Asegúrate que su labio inferior está hacia fuera y la punta de su nariz toca tu seno. Él debería poder respirar.

El labio inferior del bebé debería estar hacia fuera

6. Asegúrate que está tragando. Él no tragará cada vez que chupa. Puede que lo escuches tragar o ver pequeños movimientos de la piel frente a sus orejas.

Si tus pezones comienzan a dolerte, verifica que:

• Tu bebé esté acostado de frente a tu pecho

• Su cabeza no está virada hacia un lado

• Solamente tenga el pezón y parte de la aureola en su boca.

Maneras de sostener a tu bebé para la lactancia

• Posición de cuna: Siéntate derecha en una silla con brazos. Sostén a tu bebé frente a tu pecho. Su cabeza debería estar en el doblez de tu brazo. Coloca una almohada firme debajo del cuerpo de tu bebé y tu codo.

Posición de cuna

• Posición de fútbol: Siéntate en una silla y sostén a tu bebé debajo de tu brazo sobre una almohada. Su cabeza estará en tu seno y sus pies estarán detrás de ti. Ésta es la manera más cómoda de lactar si tuviste un parto por cesárea.

• Posición acostada de lado: Acuéstate en la cama de lado. Tu bebé se acuesta al lado tuyo en el colchón o en el doblez de tu codo.

Posición de fútbol

En todas estas posiciones, usa almohadas para ponerte a ti y a tu bebé más cómodos. Verifica dos veces que la barriguita de tu bebé está de frente a tu cuerpo.

Posición acostada de lado

Detalles de la lactancia

* Después del primer día, un bebé menor de 2 meses necesita lactar cada una a tres horas o al menos ocho a doce veces en 24 horas. Algunos pueden comer más frecuentemente durante una parte del día que durante otras.

* Si tu bebé duerme por más de cuatro horas, es importante despertarlo suavemente para alimentarlo.

* Si tu pezón no sobresale mucho, puedes rodarlo o halarlo con tus dedos antes de lactar. El chupar de tu bebé lo hará sobresalir de la aureola.

* Cambia de seno a mitad de cada alimentación cuando su chupar se vuelva más lento, después de 10 a 15 minutos. Comienza la próxima alimentación con el seno que uso último.

* Si tu bebé deja de lactar, puede que él necesite eructar. Sostenlo en tu hombro y dale palmadas en su espalda. Luego ofrécele más leche de ese seno o del otro.

* Para hacer que suelte el pezón, coloca tu dedo suavemente en la esquina de su boca. Esto romperá la succión sin lastimar tu pezón.

¿Tu bebé recibe suficiente leche materna?

Tus senos hacen justo la cantidad suficiente de leche para satisfacer las necesidades de tu bebé. Cuando tenga hambre, él chupará más y los senos producirán más leche. ¡Pueden hacer suficiente para alimentar gemelos! Cada varias semanas tu bebé tendrá brotes de crecimiento. Esto significa que comerá más frecuentemente por varios días. Esto aumentará tu suministro de leche. No significa que no puedes producir suficiente leche.

Para saber si tu bebé recibe suficiente para comer, asegúrate que él coma bien y frecuentemente, y que parezca feliz después de lactar. Él debería mojar su pañal al menos 8 veces al día. Examina el pañal frecuentemente si estás preocupada.

Los chupetes y los biberones para los recién nacidos lactados

Evita darle a tu bebé un chupete o un biberón con agua o con fórmula mientras está aprendiendo a lactar. Aquí tienes el por qué:

- El chupar aumenta tu suministro de leche materna.
- La fórmula o el agua le puede quitar el apetito por la leche materna.
- Un biberón o un chupete es muy diferente de tus pezones. La leche fluye de un biberón mucho más fácil. Puede que a tu bebé le guste mejor el biberón.

A muchos bebés les gusta chupar cuando no tienen hambre. Es mejor ofrecer solamente tu pecho o un dedo limpio al principio. Los chupetes pueden usarse después que tu bebé esté lactando bien. Frecuentemente, esto es entre las 4 y 6 semanas de edad.

Los gemelos y la lactancia

Tú puedes lactar a tus gemelos. Puede que quieras alimentar a tus recién nacidos uno a la vez al principio. A medida que tú y tus bebés se acostumbran a la lactancia, puedes alimentarlos a los dos a la vez. Esto te ahorrará mucho tiempo. Algunas mamás con gemelos o trillizos lactan por al menos varios meses. Luego, ellas comienzan a ofrecer alimentaciones con biberones de leche materna o de fórmula.

Busca ayuda para los problemas inmediatamente

Si estás teniendo problemas con la lactancia, pide ayuda ahora. No simplemente dejes de lactar ni esperes que se empeore. Llama a tu médico o enfermera partera, un consultor de lactancia, una enfermera del programa WIC o un miembro del grupo La Leche League para obtener consejos. Éstos pueden darte consejos prácticos y apoyo con la mayoría de los problemas.

Problemas comunes para los cuales deberías llamar:

- Pezones agrietados o adoloridos
- Un área dura y enrojecida en tus senos que se siente caliente
- Un bebé muy somnoliento que no se despierta para comer
- Menos de seis pañales mojados en 24 horas—después que te llega la leche

Retrasos al comenzar a lactar

A veces una madre y su bebé no pueden comenzar a lactar después del parto debido a una enfermedad o a un problema médico. Generalmente, un bebé puede comenzar a lactar más tarde. A él se le puede dar leche materna de la mamá en un biberón por varios días o incluso varias semanas. Aún si a tu bebé hay que alimentarlo con fórmula por un corto periodo de tiempo, frecuentemente es posible que aprenda a lactar más tarde.

Si no puedes comenzar a amamantar inmediatamente después del parto, habla con la enfermera del hospital o tu enfermera partera tan pronto como sea posible. Ellas te pueden ayudar a extraer la leche de tus senos hasta que tu bebé pueda lactar. Tu leche es la mejor—aún durante los primeros días de vida. También, si no extraes la leche materna de tus senos, dejarán de producir leche. No podrás comenzar nuevamente más tarde.

¿Dar vitaminas u otros suplementos?

Pregúntale al médico o enfermera practicante de tu bebé acerca del dar vitamina D y fluoruro a tu bebé. La leche no contiene mucho de estas cosas. En todos los otros aspectos, la leche materna es el único alimento que tu bebé necesita ahora. Después de los 6 meses, tu bebé puede necesitar hierro adicional.

Cuidado de tus senos

Pronto después del parto, tus senos comenzarán a llenarse de leche. Se hincharán y se volverán duras (ingurgitación). Esto es natural pero puede ser doloroso por varios días. La ingurgitación también puede ocurrir si saltas una alimentación o dejas de lactar repentinamente.

Tus senos se sentirán mejores a medida que tu bebé comienza a chupar bien y los vacías frecuentemente. Después que has estado lactando por varios días, se volverán más suaves y dejarán de doler. Se están acostumbrando a producir leche. (Ve el Capítulo 15 para más información acerca del cuidado de los senos.)

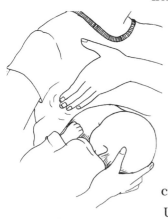

Masajear las glándulas mamarias

Una manera de ayudar a que la leche fluya a través de las glándulas mamarias hasta tu pezón es masajear tus senos suavemente con la punta de tus dedos a medida que tu bebé chupa. Esto puede ayudar a evitar la obstrucción de los conductos.

Un conducto obstruido se sentirá como una masa dolorosa en tu seno. Masajea el área y coloca una compresa caliente sobre ella para ayudar a que la leche fluya a través la obstrucción. Deja que tu bebé lacte de este seno primero.

Llama a tu médico o enfermera si:

- Un conducto permanece obstruido por una semana o más

- Un área de tu seno se siente caliente, se enrojece y está dolorosa—señales de mastitis*.

*Mastitis: una infección en el conducto

Dolor en los pezones

Si tus pezones comienzan a sentirse adoloridos, verifica que tu bebé se está enganchando correctamente y está acostándose con su barriguita contra tu cuerpo. Esto ayuda a evitar que se vuelvan dolorosos. Sostén a tu bebé en otra posición para alimentar, para que él no siempre chupe tus pezones de la misma manera. También, deja que tus pezones se sequen al aire por varios minutos después de cada alimentación.

Llama inmediatamente acerca de los problemas con los senos

Hay maneras de lidiar con los problemas en los senos sin dejar de lactar. Asegúrate de llamar a la enfermera o consejera de lactancia para que puedas manejar el problema rápidamente.

Lactancia mientras trabajas

La lactancia por tanto tiempo como sea posible es lo mejor para tu bebé. También ayuda a que tu cuerpo se recupere del embarazo. Trata de continuarla por un año o más.

Muchas mujeres son capaces de continuar la lactancia después que regresan a trabajar fuera de su hogar. El lactar cuando regreses a casa es una manera maravillosa de sentirte cercana a tu bebé después de haber estado lejos.

Puedes alquilar o tomar prestada un sacaleche eléctrico y usarlo en el trabajo. El extraer la leche puede parecer extraño al inicio, pero producirá mucha leche rápidamente. Almacena la leche en una hielera. Llévatela a casa para usarla al día siguiente o congélala para la próxima semana. Puedes lactar a tu bebé antes de

Un sacaleche o extractor de leche puede parecer raro pero funciona bienl.

irte en la mañana y en la tarde. (También puedes llamar al consultor de lactancia o La Leche League para obtener consejos acerca de la lactancia cuando regreses a trabajar.).

Dar un biberón si estás lactando

Muchas madres que lactan quieren que sus bebés aprendan a tomar un biberón. Esto le permite a la mamá estar fuera de casa por más de una hora o dos. Es una buena manera de preparar al bebé para el regreso al trabajo de la mamá. (Ve los consejos de alimentación con biberón abajo.)

Es mejor esperar hasta que el bebé lacte bien (4 a 6 semanas). Luego comienza a ofrecer la leche materna en un biberón todos los días. Usa una tetilla para recién nacidos que tiene un flujo lento, el cual es más parecido al seno.

Tu bebé puede que aprenda a tomar de un biberón más fácil con tu compañero, un amigo o un abuelo que contigo. Si a él no le interesa el biberón, trata de dárselo justo cuando se está despertando. Esto lo ayudará a entender que el biberón es sólo otra manera de obtener su alimento favorito, tu leche.

Alimentar con biberón

Bien estés usando un biberón para leche materna o para fórmula, haz del tiempo de alimentación un tiempo especial. Sostén a tu bebé contra tu cuerpo, con la cabeza más alta que la barriguita. Míralo y háblale suavemente.

Es muy importante sostener a tu bebé. No apoyes el biberón y luego lo dejes solo. Tu bebé necesita el sentimiento de cercanía que recibe durante la alimentación. Él necesita este tiempo contigo o con los otros proveedores de cuidado. También, él podría ahogarse si se deja solo con un biberón.

Estés alimentando leche materna o fórmula, asegúrate de:

1. Usar un biberón fresco para cada alimentación. No guardes la leche materna o fórmula que no fue usada para acabarla más tarde. Los gérmenes pueden entrar en el biberón y crecer en la fórmula, aún si la mantienes fría.

2. Calentar la leche en un tazón de agua caliente por varios minutos.

Nunca calientes un biberón en un horno microondas. La fórmula podría calentarse lo suficiente como para quemar la boca de tu bebé, aún si el biberón no se siente caliente.

3. Prueba la leche goteando un poco de ella sobre el interior de tu muñeca. Ésta debería sentirse tan tibia como tu piel.

Calentar un biberón

4. Toca la mejilla de tu bebé con la tetilla para que abra la boca. Coloca la tetilla en la boca. Inclina el biberón para que la fórmula llene la tetilla.

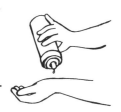

5. Deja de alimentar cuando él te muestre que ha recibido suficiente. No lo empujes para que coma más. Te puedes ver tentada a hacer esto, porque puedes saber exactamente cuánto ha tomado del biberón. Recuerda que el apetito de cada bebé es diferente y cambia frecuentemente.

Probar la temperatura de la leche

6. Lava los biberones y las tetillas en agua caliente jabonosa después de cada uso. Las tetillas deberían hervirse antes de usarse por la primera vez.

Cosas a saber de las tetillas

- Las tetillas vienen en diferentes formas. A tu bebé puede que le guste un tipo más que otros.

- Asegúrate que la tetilla no fluya muy rápido. Usa una tetilla para recién nacidos con un agujero pequeño primero. La leche debería salir lentamente (ve ilustraciones). Si tu bebé comienza a toser o ahogarse, el agujero de la tetilla probablemente es muy grande.

Tetilla de recién nacido con flujo lento

Alimentar a tu bebé con fórmula

Necesitarás detener la producción de leche en tus senos. Ve el Capítulo 15 para las mejores maneras de detener la producción de leche en los senos.

Lee la sección de arriba de alimentar con biberón.

Seleccionar una fórmula

- Usa sólo fórmula de bebé. La leche de vaca, soja, arroz o condensada no tiene los nutrientes correctos para un bebé. La fórmula está hecha para ser tan cercana a la leche materna como sea posible. (Sin embargo, no puede hacerse con todos los nutrientes de la leche materna.)

Tetilla con flujo rápido

- A la mayoría de los bebés le va bien con la fórmula basada en la leche de vaca. Si no, habla con tu médico antes de intentar otro tipo. Hay fórmula disponible basada en soja.

- Selecciona una fórmula con hierro a menos que tu proveedor te diga lo contrario.

- La fórmula en polvo es el tipo más barato. También es la más fácil, porque puedes mezclarla con agua tibia cuando estés lista para alimentar a tu bebé.

Usar la fórmula

- Para mezclar la fórmula, sigue las direcciones en el envase. Asegúrate de medir correctamente. Si usas muy poca agua o demasiada, podría afectar la salud de tu bebé.

- Mientras tu bebé es un recién nacido, coloca solamente unas cuantas onzas de leche en el biberón a la vez. Siempre tira la fórmula que no se tome.

- No empujes a tu bebé a tomar más fórmula de la que él quiere. Generalmente, un bebé menor de dos meses querrá 2 a 4 onzas de fórmula cada 3 a 4 horas.

- Si mezclas los biberones de fórmula antes de tiempo, mantenlos en el refrigerador. No las dejes a temperatura ambiente. Podrían crecer gérmenes en ellos si no se mantienen fríos.

- **Advertencia acerca de agua no limpia:** Si tu agua proviene de un pozo u otra fuente privada, puede que no esté lo suficientemente limpia para un recién nacido. Si no estás segura de cuán limpia está el agua, usa agua embotellada o agua que se ha hervido y dejado enfriar.

  El agua de las tuberías en los edificios viejos podría tener plomo. Esto es muy perjudicial para los bebés. (Ve el Capítulo 3, bajo Peligros domésticos.)

Tu bebé puede crecer feliz y saludable con un biberón si las alimentaciones con fórmula son necesarias.

Capítulo 13

Conocer a tu bebé

Un bebé recién nacido puede hacer cosas asombrosas. Tu bebé puede ver tu cara cuando la sostienes cerca y lo miras. Ella puede escuchar tu voz. Puede chupar tu pecho, tu dedo limpio o una tetilla. Puede agarrar tu dedo en su mano.

Hasta ahora, tu bebé vivió enrollado en un lugar cálido, oscuro y aguado. Escuchaba el gorgoteo de tu cuerpo y los latidos de tu corazón. Ahora está en un mundo de luces brillante, sonidos agudos, brisas frías y espacios abiertos. Al principio, los sonidos fuertes la harán sobresaltar o brincar. Las luces brillantes la harán parpadear. Ella se sentirá fría cuando está desnuda.

Este capítulo incluye:

- Padres y niños mayores

Sin embargo, los bebés comienzan a aprender acerca del mundo inmediatamente. Sus cerebros crecen y aprenden más rápidos en los primeros tres años que en cualquier otro tiempo.

Las personas más importantes en el mundo de tu bebé son tú y los otros que cuidan de ella. Tu familia entera se volverá más unida al cuidar este nuevo bebé.

Un buen comienzo para la familia entera

Un bebé crece mejor en un hogar feliz. Todos prosperarán si cada pareja trata de entender y ayudarse el uno al otro. Mamá necesita ayuda para recobrar las energías y prestarle atención al bebé durante las primeras semanas. Los niños mayores también necesitan atención y amor adicional durante este tiempo.

Comienza a ser una madre

Tus trabajos principales ahora como madre son conocer a tu bebé, alimentarla y recuperarte del parto. (Para más información acerca de tu propia recuperación, ve el Capítulo 15.)

Dale a tu bebé bastante tiempo para chupar para aumentar tu suministro de leche. Láctala en un lugar callado. Toca un poco de música suave, toma un poco de agua y relájate. Asegúrate que estás sosteniéndola en una posición cómoda.

Toma siestas cuando tu bebé duerme. Pídele a tu compañero y a tus amigos que hagan otros quehaceres, tal como el cocinar, el comprar y la lavandería. Si estás cansada de recibir demasiadas visitas, está bien decir que "no". Pídeles que regresen en varias semanas para ver al bebé.

Recuerda que está bien no saber exactamente cómo cuidar de tu bebé. Hay enfermeras y otros que pueden darte consejos o mostrarte cómo hacer las cosas. No te sientas tímida acerca del llamarlos con preguntas o cuando te sientas insegura. Aprenderás sobre la marcha.

Ser padre de un nuevo bebé

Como un padre, tú eres muy importante en la vida de tu bebé. Tendrás tu propia manera especial de cuidar de tu niño. Aprenderás a medida que pasas tiempo con tu bebé.

Saca tiempo para tocar, acurrucar y hablar a tu bebé recién nacido. Aprenderá rápido a conocer tu voz, aroma y tacto. Sostenla de cerca y háblale en voz baja con una voz sonsonete. Trata de cuidar de tu bebé por tu cuenta. Aprende a cambiar su pañal y a bañarla, no solamente a jugar con ella.

Habrán muchos quehaceres alrededor de la casa. Te cansarás durante este periodo, también. Tú te mereces sacar un tiempo para descansar también.

Presta atención a cómo tu compañera se siente. La depresión* es bastante común en las nuevas madres. Está alerta por señales de depresión, tales como:

- Falta de apetito
- Dificultad para dormir o dormir todo el tiempo
- Falta de interés en el cuidado del bebé
- Temores acerca de su habilidad de cuidar del bebé

*Depresión: Problemas emocionales después del parto, también conocida como Depresión Posparto.

Cierto cansancio y preocupación son normales. Sin embargo, si los cambios emocionales duran más de dos semanas, úrgele a tu compañera que llame a su médico o enfermera partera inmediatamente. Puede que se le haga difícil hacer la llamada por su cuenta.

La depresión puede ser seria pero puede tratarse. Es importante manejarla desde temprano. Cuando una mamá está deprimida, ella no puede darle al bebé ni a otros miembros de su familia la atención y el amor que ellos necesitan.

Niños mayores en el hogar

Si tienes niños mayores, puede que ellos no hallen a tu nuevo bebé tan emocionante como tú. El bebé tomará la mayor parte de tu atención. Puede que los niños mayores tengan algunos problemas de comportamiento por un tiempo. Aquí tienes algunas maneras de ayudarlos:

- Pasa un tiempo especial con cada niño mayor cada día. Déjales saber que aún los amas tanto como antes. Podrías pedirles a tus amigos cercanos o a tus familiares que saquen a los niños para un tiempo de diversión.

- Deja que los niños mayores te ayuden con el cuidado del bebé pero quédate con ellos en todo momento. Puede que ellos no entiendan que pueden hacerle daño a tu bebé. Por ejemplo, un niño de 3 años puede estar ansioso de cargar al bebé, pero podría dejarla caer.

Advertencia: No dejes al bebé a solas con un niño menor de 11 ó 12 años. ¡No se le debería dar tanta responsabilidad!

Otros familiares

Las conexiones con los abuelos, tías, tíos y primos ayudan a los niños a crecer seguros y felices. Si viven cerca o puedes visitar, anímalos a tomar parte. Los familiares pueden ser una gran ayuda si están dispuestos y capaces de hacer cosas alrededor del hogar o con los otros niños.

Pídele a tus amigos y familiares que ayuden alrededor del hogar.

Los abuelos y otros adultos mayores pueden tener ideas anticuadas de cómo cuidar un bebé. Puede que tú no estés de acuerdo con ellos y puede que ellos no entiendan algunas de las ideas nuevas, tales como el por qué los bebés deberían dormir boca arriba o viajar en un asiento de auto. Sin embargo, deberías esperar que ellos aprendan y sigan las decisiones que tú has tomado acerca del cuidado de tu bebé.

Recuerda que tú y tu pareja son los padres y tú tomas las decisiones acerca de tu bebé. Tú has tratado de aprender y usar la mejor información que has encontrado. Ofréceles este libro a tus familiares. El mismo podría ayudarles a aprender por qué cuidas de tu bebé de la forma que lo haces.

Ayuda con gemelos, trillizos o más

Si has tenido gemelos o trillizos, tú y tu compañero ciertamente necesitarán tanta ayuda como puedan obtener. Busca en el Capítulo 16 en este libro para grupos de Madres de Gemelos y otros recursos. Los grupos locales de apoyo pueden darte consejos muy útiles.

Entender a tu nuevo bebé

Tu recién nacido no puede hablar, pero ella trata de dejarte saber qué quiere. Tú, tu pareja y otros proveedores de cuidado aprenderán observando el rostro y el cuerpo de tu nuevo bebé. Esto te ayudará a respetar sus necesidades.

Tipos de comportamientos que verás:

- **Cuando tu bebé tiene sueño,** sus ojos parpadearán lentamente. Ella moverá sus brazos y piernas más lentamente y hará ruidos suaves. Ella puede sobresaltarse más fácilmente, especialmente con los ruidos fuertes. Éste es un buen momento para ponerla a dormir.

- **Cuando ella esté en un sueño profundo,** ella respira uniformemente y no se despierta fácilmente. A veces dormirá más livianamente. Su respiración será más irregular y sus ojos pueden moverse debajo de los párpados. Puede que ella haga movimientos de chupar y mueva sus brazos y piernas.

- **Cuando tu bebé se está despertando** puede que ella no esté lista para comer ni jugar. Si ha estado durmiendo por sólo un corto tiempo, espera por varios minutos para ver si se vuelve a dormir. Si quieres ayudarla a despertar, háblale suavemente, frota su cuerpo y cámbiale su pañal.

- **Cuando ella está despierta y alerta** te mirará y escuchará tu voz. Un bebé recién nacido puede sólo ser capaz de hacer esto por un minuto o dos a la vez. Cuando deje de mirar o vire su cabeza, esa es una señal que necesita parar. Entonces, puedes simplemente sostenerla.

- **Si tu bebé está fastidioso,** puede que necesite tu ayuda para relajarse. Sostenla de cerca y mécela suavemente o camina con ella.

- **Cuando ella tenga hambre,** chupará sus dedos, virará su cabeza hacia tu pecho y hará ruidos suaves. Llorará solamente cuando tiene mucha hambre. Trata de no esperar a que llore antes de alimentarla.

"Cuando mi bebé estaba fastidioso, yo trataba de jugar con él para hacerlo sentir mejor. Esto sólo lo hacía llorar más. Finalmente aprendí que lo que necesitaba era que lo acurrucara en silencio, no más jugar."

La personalidad de un bebé

Cada bebé muestra señales de su personalidad desde el comienzo. Algunos son muy calmados y callados, observando lo que sucede a su alrededor. Otros pueden ser tímidos. Algunos son muy activos y excitables. Observa a tu bebé para ver cómo es.

Cómo se desarrolla tu bebé

Tu bebé nació listo para jugar y aprender, especialmente cuando le prestas atención. Cada vez que la sostienes, le hablas, la consuelas y la ayudas a tratar cosas nuevas, la ayudas a crecer. Se siente segura cuando cuidas de ella, la mantienes caliente y alimentada y respondes a sus llantos. El sentirse segura ayuda a que su cerebro y su cuerpo se desarrolle (aprenda y crezca) tanto como sea posible. Los bebés que no son sostenidos y consolados frecuentemente no se desarrollan tan bien como otros.

El cuerpo de tu bebé crecerá y cambiará cada día. Para los seis meses de edad, probablemente pesará el doble de lo que pesó al nacer. Su cerebro está creciendo muy rápido, así que la verás aprender cosas nuevas semana a semana.

Habla con tu nuevo bebé

El cerebro de tu bebé recibe los sonidos que escucha desde el comienzo. Se está preparando para hablar y pensar desde mucho antes que pueda entender palabras. Es importante para ella escuchar tu voz y ver tu rostro cuando le hablas.

A los bebés les encantan las voces sonsonetes. El hablar lentamente en una voz aguda le ayuda a escuchar los sonidos claramente. No simplemente tienes que hablar en "lenguaje infantil". Puedes mirar un libro de imágenes y contarle las imágenes. O simplemente le puedes contar

"Vamos a caminar."

"¿Qué es eso? Es un perro grande y negro."

acerca de lo que estás haciendo. Pronto comenzará a hacer sonidos por su cuenta ("cu" y más tarde "da-dada"). Cuando haga esto, es bueno repetirle los sonidos de vuelta.

Un bebé puede escuchar los sonidos de todos los idiomas durante los primeros seis a nueve meses. Cuando crezcan, solo escuchan los sonidos del lenguaje que los padres usan con ellos. Si tú u otros en tu familia hablan otros idiomas, es bueno para tu bebé escuchar esos sonidos.

Jugar con tu nuevo bebé

El jugar ayuda a tu nuevo bebé a conectarse contigo y aprender. Trata estas cosas cuando está alerta.

- Sostenla de 8 a 10 pulgadas (20 a 25 centímetros) de tu cara. Sonríe, saca tu lengua o haz una cara graciosa. Observa cómo ella responde.

- Levántala suavemente en el aire mientras la miras.

- Háblale en una voz aguda sonsonete.

- Repite los sonidos que ella hace.

- Canta canciones infantiles simples como "Twinkle, Twinkle Little Star" (Estrellita, Estrellita). Repite las mismas canciones una y otra vez para que ella comience a reconocerlas. No se preocupará si cantas fuera de tono.

- Tócala suavemente. Frota sus brazos, piernas, cabeza y barriguita. Masajea su cuerpo.

- Agita una matraca o una pequeña campana. Ella estará interesada en estos sonidos. Déjala ver los juguetes pequeños y coloridos que se mueven. Pronto ella querrá tocar y sostener estas cosas.

Si tu bebé es un bebé prematuro, puede que no esté interesada en jugar hasta que pase de su fecha estimada de parto. Aún así, necesita ver tu rostro, escuchar tu voz y sentir tus manos y brazos sosteniéndola.

Tiempo boca abajo

Es importante para un nuevo bebé, incluso un recién nacido, tener un tiempo sobre su barriguita (boca abajo) todos los días. Juega con ella por varios minutos mientras está boca abajo dos o tres veces al día. Esto le da tiempo para practicar el levantar y mover su cabeza. Pronto ella comenzará a virarla de lado a lado.

Acuéstala sobre un paño limpio en el piso. Primero coloca su cabeza hacia un lado y luego hacia el otro. Acuéstate al lado de ella, para que ella pueda ver tu rostro y tus manos. Muéstrales juguetes pequeños y coloridos. Háblale y frota su espalda.

Evitar una cabeza plana

A algunos bebés se les forma un área plana en la parte trasera de sus cabezas. Esto puede ocurrir si pasan mucho tiempo sobre sus espaldas en una cama o en un asiento o columpio para bebés. Aquí tienes algunas maneras para evitar la cabeza plana:

- Cuando tu bebé esté despierto, dale tiempo para acostarse sobre su barriguita. Puedes apoyarla por un lado para jugar.
- Cárgala en un portabebé o cargador frontal parte del tiempo. Sostenla mientras esté despierta.
- Asegúrate que no se duerma con su cabeza virada hacia el mismo lado. Cambia su posición de dormir para que su cabeza esté en un lado diferente de la cuna cada noche.
- Si colocas a tu bebé en un asiento o columpio para bebés, hazlo sólo por periodos cortos de tiempo (Ve abajo). Usa el asiento de auto solamente para viajes, no como un lugar para dormir en casa.

Si crees que tu bebé pueda tener una cabeza plana, indícaselo al médico de tu bebé en el próximo examen. La cabeza plana se puede corregir.

Espera antes de usar un asiento para bebés

Espera hasta que tu bebé tenga varios meses antes de usar un asiento o columpio para bebés. Un nuevo bebé es muy pequeño para pasar mucho tiempo sentado en un asiento reclinable. Los bebés nuevos necesitan estar acostados planos la mayor parte del tiempo o ser sostenidos. Sus espaldas y cuellos no son suficientemente fuertes. Durante los primeros meses, coloca a tu bebé en un asiento de auto solamente para los viajes en auto.

Siempre juega suavemente—nunca agites a un bebé

Asegúrate que cualquier persona que juega con tu bebé siempre sea muy cuidadosa con ella. Los nuevos bebés tienen cabezas muy grandes y muy pesadas y sus cuellos son débiles. El jugar brusco, tal como el rebotar al bebé hacia arriba y hacia abajo o lanzarla al aire, podría lesionar su cerebro seriamente. Espera hasta que tu niño esté más grande y quiera jugar activamente. Nunca, nunca agites a tu bebé si estás molesta.

Sostener a tu bebé

No puedes mimar demasiado a un nuevo bebé, así que sostenla y recógela tanto como puedas. Ella necesita este tiempo en tus brazos y en los de los otros proveedores de cuidado. El cargarla en un portabebé o un cargador de pecho puede ayudarla a sentirse confortada mientras estás activa.

Retrasos en el desarrollo

Cada bebé se desarrolla en su propio tiempo, pero cada bebé debería hacer progreso. Verifica los logros en la próxima página.

Presta atención a los cambios en tu bebé. ¿Muestra que te puede ver y escuchar? Si tienes alguna preocupación acerca de cuán bien se está desarrollando, infórmaselo al médico o a la enfermera. Él puede sugerir que esperes un rato antes de hacer cualquier cosa. Si es así, mantente alerta de cualquier cambio.

Si aún tienes preocupaciones después de un mes o dos, asegúrate de dejarle saber al médico o hablar con otro proveedor de cuidado de salud. Tú conoces mejor a tu bebé. Más temprano tu bebé reciba ayuda, más puede hacerse para ayudarla.

Logros en el desarrollo

La mayoría de los recién nacidos pueden:

- Mirar a un rostro que está cerca
- Seguir tu rostro cuando te mueves de lado a lado
- Responder a los sonidos (mediante un parpadeo, sobresalto, llanto)
- Mover los brazos y piernas

Para el 1 mes, la mayoría de los bebés pueden:

- Responder al rostro y la voz de uno de sus padres
- Levantar la cabeza brevemente cuando está acostada sobre su barriguita
- Colocar su puño dentro de su boca
- Dejar de llorar si es levantada y acurrucada

1 mes

Para los 2 meses, la mayoría de los bebés pueden:

- Sonreír cuando un padre le sonríe
- Mirar a las personas y cosas que están cerca
- Hacer suaves arrullos a las personas
- Levantar la cabeza, cuello y pecho cuando está acostada sobre su barriguita
- Comenzar a mantener su cabeza levantada cuando está en posición vertical

2 meses

Para los 6 meses, la mayoría de los bebés puede:

- Rodarse de adelante hacia atrás
- Sostener un pequeño juguete en su mano
- Sonreír, reírse y balbucear
- Jugar con los dedos de los pies

Si crees que el desarrollo de tu bebé está retrasado, habla con tu médico.

6 meses

El sueño de tu bebé

Muchos recién nacidos duermen la mayoría del tiempo y están despiertos sólo por cortos periodos de tiempo. Tu recién nacido tendrá periodos de sueño profundo y silencioso y periodos de sueño más liviano. Su respiración será rápida a veces y lenta en otras. Esto es normal.

Puede ser tentador dejar que tu bebé se quede dormido mientras está lactando. Sin embargo, puede tomar la costumbre de dormirse en tus brazos o en tu pecho. Puede ser un hábito difícil de cambiar a medida que crece.

Tu bebé te dejará saber cuándo necesita dormir. Dejará de mirarte y perderá el interés en el jugar. Sus ojos comenzarán a parpadear. Bostezará, se frotará los ojos y hará ruidos de fastidio. Estas son señales de colocarla suavemente en su cuna boca arriba. Puede que ella llore brevemente, pero esto no le hará daño.

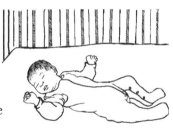

Cuanto tu bebé llora

Muchos bebés tienen una hora de fastidio todos los días durante los primeros meses. El llorar es una manera natural para que tu bebé pida ayuda. Puede significar que tiene hambre, está cansada, tiene el pañal mojado, se siente sola, está incómoda o enferma. Aprenderás a reconocer los diferentes llantos.

Maneras de consolar a un bebé lloroso:

- Primero, asegúrate que tu bebé no tiene hambre, fiebre ni señales de enfermedad (Capítulo 15).

- Cámbiale el pañal.

- Trata de alimentarla si no ha comido en una hora o más. Si no tiene hambre, déjala chupar tu dedo limpio o un chupete.

- Envuélvela apretadamente con una cobija.

- Sostenla por su barriguita y mécela.

- Coloca a tu bebé en un portabebé o un cargador frontal y camina con ella en la casa o por afuera.

- Trata de repetir sonidos en su oído, como "shhh, shhh, shhh", una y otra vez. A algunos bebés también le gusta el sonido de la secadora de ropa.

- Si ella ha estado despierta por mucho tiempo, puede que esté cansada. Puede que necesite llorar por unos minutos en su cuna antes de quedarse dormida.

Si tu bebé llora frecuentemente y no puedes calmarla, habla con su médico o enfermera practicante para asegurar que no hay una causa médica. Algunos alimentos pueden incomodarla o puede que tenga reflujo*.

A los bebés les gusta que los sostengan con la mano de mamá contra su barriguita.

*Reflujo: Reflujo gastroesofágico, una condición dolorosa causada por el ácido del estómago que sube al esófago. Hay maneras de tratar el reflujo en los bebés

Cólico

Algunos bebés padecen de cólico, tiempos en los cuales lloran fuerte durante horas a la vez. Puede que los remedios para el llanto dados arriba no ayuden. No hay tratamiento, pero el cólico no le hace daño al bebé. Lo superará para los 3 a 4 meses de edad.

Los padres generalmente se molestan mucho porque no son capaces de consolar a su bebé. Ésta es una de las cosas más difíciles que puedes enfrentar. Hablar con una amiga podría ayudarte a manejar tu frustración. Trata de hacer ejercicio y dormir lo suficiente.

Si te hallas enfadada con tu bebé, colócala en su cuna mientras te calmas. Recuérdate que ella no lo está haciendo para molestarte. Evita tomar alcohol o usar drogas cuando te sientas de esta forma.

Busca un amigo o familiar en quien confías para que cuide a tu bebé, para que puedas tener una hora o dos para ti sola. Deja a tu bebé solamente con una persona que tú sabes será capaz de lidiar con el llanto sin molestarse. Algunos adultos no pueden manejarlo y podrían hacerle daño a un bebé lloroso.

NUNCA agites a tu bebé para tratar de hacerla dejar de llorar. En primer lugar, no funcionará. Segundo, el agitarla puede lesionar su cerebro muy seriamente.

Capítulo 14

Mantener a tu bebé seguro

Los peligros más grandes para los bebés saludables durante los primeros meses provienen del Síndrome de Muerte Súbita Infantil (SIDS, por sus siglas en inglés) y de los accidentes automovilísticos. El SIDS rara vez afecta a los bebés después del primer año. Los accidentes automovilísticos, sin embargo, matan o lastiman a niños de todas las edades.

Ni el SIDS ni una lesión en un accidente automovilístico pueden prevenirse completamente. Sin embargo, hay cosas que puedes hacer para reducir grandemente las posibilidades de muerte o de lesión.

Este capítulo incluye

Seguridad al dormir

*SIDS: Síndrome de Muerte Súbita Infantil, a veces llamado "muerte de cuna".

Evitar el Síndrome de Muerte Súbita Infantil (SIDS)*

El Síndrome de Muerte Súbita Infantil es la muerte de un bebé menor de 1 año de edad que no puede explicarse médicamente. Generalmente ocurre cuando el bebé está durmiendo. Es más probable entre las edades de 1 mes a 6 meses.

Nadie sabe cómo evitarlo completamente. Nadie se puede culpar si un bebé muere de SIDS. Sin embargo, hay ciertas cosas simples que se han hallado reducen la probabilidad de muerte súbita infantil.

Siempre coloca a tu bebé a dormir sobre su espalda.

La posición más segura para un bebé saludable es sobre su espalda—boca arriba. A los bebés que duermen de esa forma desde que nacen por lo general les gusta. Dormir de lado es menos seguro que dormir boca arriba.

Algunos padres temen que un bebé que duerme boca arriba podía vomitar y ahogarse. No se ha hallado que esto sea cierto para los bebés saludables.

Los infantes prematuros que necesitan dormir sobre su barriga en el hospital deberían cambiarse a dormir boca arriba antes de regresar a casa. Infórmate con el médico para saber si hay una razón médica para que tu bebé continúe durmiendo sobre su barriga.

Para el tiempo que el bebé aprende a virarse, el riesgo del SIDS es menos que antes. Continúa colocándolo en su cama sobre su espalda.

Otras maneras de prevenir el Síndrome de Muerte Súbita Infantil

- Coloca a tu bebé boca arriba en una cuna con un colchón muy firme.
- No lo cubras con cobijas.
- Vístelo en pijamas que lo mantendrán cálido, pero no caliente, sin una cobija. Mantén la habitación a una temperatura cómoda para ti. Si él se despierta sudado o con el rostro enrojecido, ha estado muy caliente.
- No coloques cobijas, almohadas, edredones, pieles de oveja ni peluches blandos en la cuna de tu bebé. Éstos pueden cubrir su rostro y limitar su respiración mientras duerme. (Guarda estas cosas hasta su primer cumpleaños.)

- Mantén la cama de tu bebé en la habitación donde tú duermes. Sin embargo, compartir la misma cama podría ser arriesgado (ve la próxima página).

- Dale el chupete a tu bebé cuando se duerma. Para los bebés lactados, espera hasta que la lactancia vaya bien (generalmente alrededor de un mes) antes de comenzar con un chupete. (Ofrece el chupete para dormir aún si el bebé no lo quiere cuando está despierto.)

- Lacta a tu bebé.

- No fumes en tu hogar ni en tu auto, especialmente alrededor de tu bebé. Pídeles a otros que fuman que lo hagan afuera.

- Mantén a tu bebé lejos de gentíos y de personas con resfriados.

NOTA: Asegúrate que todos los que cuidan de tu bebé **siempre** lo pongan a dormir boca arriba. Diles a los abuelos y a los proveedores de cuidado por qué esto es importante. Cuando un bebé está acostumbrado a dormir boca arriba, el SIDS puede ocurrir si él se coloca a dormir sobre su barriga solo una vez.

Un lugar seguro para dormir para un bebé

La cuna de tu bebé debería cumplir con los estándares de seguridad actuales (ve el Capítulo 6) y debería tener un colchón firme que encaje bien.

El peligro de SIDS es más alto para bebés que duermen:

- En una cama con un adulto u otro niño

- En un sofá blando o una cama de agua

- Con un adulto que ha estado tomando alcohol o drogas (un adulto que está durmiendo muy profundamente podría rodar sobre el bebé)

Compartir una cama

A muchos padres les gusta que su bebé duerma es sus habitaciones o en sus camas. Sin embargo, nuevas investigaciones han demostrado que el compartir una cama puede aumentar las posibilidades del Síndrome de Muerte Súbita Infantil.

La cuna del bebé al lado de la cama de los padres

La manera más segura de tener a tu bebé cerca de ti es colocar la cuna o el moisés al lado de la cama. Si él se duerme en tu cama, puedes moverlo a la cuna fácilmente.

Si estás decidida en que tu bebé duerma en tu cama, presta atención especial para hacer la cama segura. Asegúrate que:

• No hayan almohadas ni cobijas pesadas o edredones sobre o cerca del bebé.

• El colchón sea muy firme.

• No haya un espacio entre la cama y la pared o la cabecera, donde la cabeza del bebé pueda quedar atascada.

• No haya manera que el bebé se ruede fuera de la cama.

• El bebé no duerma entre los dos adultos.

Evitar la cabeza plana

La parte de atrás de las cabezas de algunos bebés podría volverse plana en los primeros meses. La cabeza de un bebé está en crecimiento y puede cambiar de forma fácilmente. Es más posible que el bebé tenga una cabeza plana si pasa mucho tiempo acostado boca arriba o sentado en un asiento para bebés o un asiento de auto cuando está despierto.

Maneras de evitar el aplanamiento:

• Asegúrate que tu bebé pase suficiente tiempo acostado sobre su barriguita o en tus brazos mientras está despierto.

• Evita sentarlo en un asiento o columpio para bebés por largos periodos de tiempo. Usa el asiento de auto solamente para viajar.

• Cambia la posición de su cabeza cuando esté acostado sobre su espalda. Inclina su cabeza de un lado al otro. Coloca su cabeza hacia un extremo de la cuna una noche y hacia el otro en la próxima noche.

Observa el cambio en la forma de la cabeza de tu niño. Si crees que está cambiando, muéstrale al médico inmediatamente. Sigue las sugerencias de arriba. Siempre hay maneras de volver a darle forma a su cabeza si es necesario.

Abrochar al bebé en cada viaje

Un asiento de seguridad para autos puede salvar la vida de un niño. Pero sólo puede funcionar si se usa correctamente en cada viaje. Éste también debe ser del tamaño correcto y usarse correctamente.

Si todavía no tienes un asiento de auto para niños, ve el Capítulo 6 para más detalles de cómo seleccionar uno.

Sigue las instrucciones que vinieron con el asiento de auto. También lee "Acerca de los dispositivos de seguridad para niños" en el manual del vehículo.

Recuerda de siempre abrocharte. Tu bebé necesita que tú estés segura para que puedas cuidar de él.

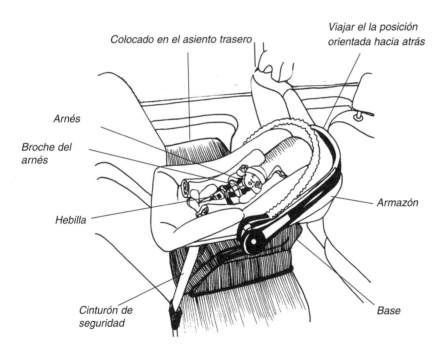

Viajar el la posición orientada hacia atrás

Colocado en el asiento trasero

Arnés

Broche del arnés

Hebilla

Armazón

Cinturón de seguridad

Base

Rasgos de los asientos de seguridad de autos para niños

Instalar el asiento en el auto

Coloca el asiento de auto para niños en el asiento trasero y orientado hacia atrás. El asiento trasero ha demostrado ser más seguro que el delantero para los niños hasta las edades de 13 años. La posición orientada hacia atrás es la más segura porque amortigua la cabeza del bebé, su cuello y la espalda dentro del armazón.

Usa el centro del asiento trasero si el asiento de auto puede instalarse apretadamente ahí y no llevas otros niños. Sin embargo, algunos vehículos tienen un bulto que no permite que el asiento para niños encaje ahí.

Reclina el asiento para niños justo lo suficiente para que la cabeza de tu bebé no se caiga hacia delante. No debería estar reclinado más de la mitad hacia atrás. Muchos asientos de autos para niños tienen un ajustador de inclinación, también. Si el asiento no tienen uno, mete una toalla enrollada o un "fideo de piscina" de espuma debajo de los pies del bebé para inclinar el espaldar un poco.

Instala el asiento de seguridad apretado bien sea con un cinturón de seguridad o el nuevo sistema LATCH*. Verifica el manual de tu vehículo para aprender cómo usar estos sistemas. El asiento debería moverse no más de una pulgada para cada lado y para delante cuando esté instalado.

*LATCH: Una nueva manera de asegurar un asiento de auto para niños en un vehículo usando equipo en los vehículos y asientos de auto nuevos.

- Decide primero dónde quieres que viaje tu bebé. Si lo quieres colocar en el centro del asiento trasero, puede que tengas que usar el cinturón de seguridad. Muy pocos vehículos tienen anclajes para LATCH allí.

- Hay varios tipos de cinturones de seguridad que se ajustan alrededor del asiento de auto de diferentes maneras.

- Para usar el sistema LATCH, tanto el vehículo como el asiento de auto deben tener partes especiales que se conectan unas a otras. Frecuentemente, pero no siempre, el sistema LATCH provee una instalación más ceñida que el cinturón de seguridad. Si no es así, usa el cinturón de seguridad.

Si tu bebé tiene que viajar al frente

Nunca coloques a tu bebé en el asiento delantero con una bolsa de aire a menos que ésta haya sido apagada. Las bolsas de aire para el pasajero delantero pueden ser mortales para los bebés que orientados hacia atrás.

Si un auto deportivo o una camioneta no tiene asiento trasero, o uno muy pequeño, el vehículo tendrá sensores o un interruptor para la bolsa de aire. Si tiene un interruptor, tienes que acordarte de apagar la bolsa de aire mientras el bebé o el niño viaja en el asiento delantero. (Enciéndelo nuevamente cuando adultos o adolescentes estén sentados allí.)

Más y más vehículos nuevos tienen sensores que automáticamente apagan la bolsa de aire si hay un niño pequeño abrochado en el asiento delantero. Lee el manual del vehículo. Verifica la luz indicadora en el panel de instrumentos para asegurarte que la bolsa de aire está apagada cuando tu bebé viaja al frente.

Si tienes un auto más viejo y no estás segura si éste tiene una bolsa de aire para el pasajero delantero, busca una etiqueta en la visera del auto o lee el manual del auto.

Abrocha a tu nuevo bebé en el asiento de auto

- La correa de la entrepierna debe ir entre sus piernas.
- Las correas de los hombros deben ir sobre sus hombros. Las correas deben salir del asiento tan cercanas al hombro como sea posible o un poco más abajo.
- El arnés debe estar apretado. Para probarlo, pellizca la correa entre tus dedos (ve la ilustración). Si puedes pellizcar cualquier exceso, no está suficientemente apretada.
- Coloca el broche del arnés al nivel de las axilas de tu bebé.

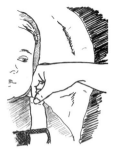

Pellizca la correa para ver si está muy suelta.

Consejos prácticos para el asiento de auto

- Acojina los lados del asiento de auto para el bebé para evitar que tu recién nacido se desplome. Algunos asientos de auto vienen con insertos acojinados. Si no es así, coloca cobijas o pañales enrollados a lo largo de los lados del cuerpo y la cabeza de tu bebé. No coloques acojinamiento debajo de él. Evita usar un cojín para apoyar la cabeza que se compra por separado. El mismo podría permitir que tu bebé sea lanzado de su asiento en un accidente.

  Evita usar un cojín para apoyar la cabeza que se compra por separado. El mismo podría permitir que tu bebé sea lanzado de su asiento en un accidente.

- Viste a tu bebé con ropa que tenga patas. Las correas del arnés tienen que ir entre sus piernas. Nunca envuelvas a tu bebé con una cobija antes de colocarlo en el asiento para bebés.

- Si el clima está frío, vístelo con un pijama cálido con patas. No uses un traje para nieves voluminoso. Coloca la cobija sobre las correas.

Obtener ayuda con el uso del asiento de auto

Los asientos de auto para niños pueden ser complicados para usarlos correctamente. Puede que quieras que un

Acojina los lados del asiento de auto para bebés con cobijas para envolver enrolladas

Técnico de Seguridad para Niños Pasajeros certificado cerca de ti verifique tu asiento de auto. Localiza un técnico o un sitio de inspección de asientos de auto a través del sitio web o la línea telefónica de SeatCheck (ve el Capítulo 17).

Cama de auto para necesidades especiales

Un asiento de auto orientado hacia atrás es mejor, pero algunos bebés pueden tener una necesidad médica de estar acostados en forma plana. Hay algunas camas de autos que son hechas para bebés que tienen que estar acostados en forma plana (ve SafetyBeltSafe, U.S.A., en el Capítulo 17).

Los bebés prematuros nacidos antes de las 37 semanas deberían recibir una sentada de prueba en su asiento de auto antes de salir del hospital, según la Academia Americana de Pediatría. Si el bebé muestra indicios de problemas respiratorios, el bebé debería viajar acostado en forma plana. (Tampoco debería sentarse en un asiento o columpio para bebés en casa hasta que esté más grande.) Si tu bebé es prematuro, pregúntale a tu médico o enfermera acerca de una "prueba de apnea" en el asiento de auto.

Protege a tu bebé de las caídas

Un bebé necesita lugares seguros, tales como:

- Una cuna con tablillas que están cerca una de la otra para evitar que pase a través de ellas.

- Una mesa cambiadora con lados que evitarán que se ruede de la mesa.

- Un espacio limpio en el suelo para que juegue. Acuéstalo sobre una cobija limpia sobre su barriguita. Cuando comience a gatear, asegúrate de colocar portones en las escaleras.

Cuando cambies el pañal, bañes o vistas a tu bebé, **mantén una mano sobre su cuerpo para que no se caiga.** Ten todo lo que necesitas a tu alcance antes de comenzar.

Evitar las quemaduras, las escaldaduras y los fuegos

La piel de tu bebé es muy fina y puede quemarse o escaldarse fácilmente. Maneras de prevenir las quemaduras:

- **Escaldaduras:** No sostengas una bebida caliente mientras tu bebé está en tus brazos. Toma tu café mientras él está jugando en el suelo o está durmiendo.

- Asegúrate que el agua del baño no está más caliente de tibia. Pruébala con tu codo. Baja la temperatura de tu calentador de agua a 120 grados Fahrenheit.

- **Calentadores:** Cuando tu bebé comience a gatear, coloca portones alrededor de la chimenea, estufa de leña y los calentadores eléctricos.

- **Quemaduras de sol:** Cuando tu bebé esté afuera a mediados del día (10 AM a 4 PM), mantenlo en la sombra o vístelo con colores claros que cubran sus brazos y piernas. Después de los seis meses de edad, usa un bloqueador solar hecho para niños. La mejor protección es mantenerlo fuera del sol.

Examina tus detectores de humo

Los detectores de humo pueden salvar tu familia entera de un incendio residencial. Asegúrate que tu casa tenga al menos un detector.

Cambia las pilas al menos una vez al año. Escoge una fecha que acordarás, como el cumpleaños de tu bebé, para cambiarlas. Usa el botón de prueba cada mes, también, para asegurar que los detectores funcionan.

Hacer tu casa a prueba de bebés

A medida que tu bebé aprende a gatear, caminar y trepar, habrán muchas cosas que hacer para hacer tu hogar más seguro. La mejor manera de proteger a tu bebé es manteniendo las cosas peligrosas fuera de su alcance. También, si las cosas están guardadas, no tendrás que velar a tu bebé cada minuto y decirle que "no" constantemente.

"Casi no podía creer todas las cosas pequeñas que mi bebé podía hallar en el suelo. Él debe tener una vista maravillosa. Encontré que necesitaba barrer todos los días mientras él estaba gateando."

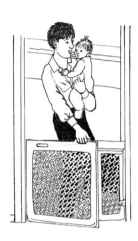

Barre o pasa la aspiradora en el suelo frecuentemente. Los bebés que gatean encontrarán aún el pedazo más pequeño de polvo o tierra y se lo meterán a la boca.

Coloca las cosas rompibles o peligrosas fuera de su alcance cuando muestre señales de comenzar a gatear.

Coloca portones en las escaleras y mantenlos cerrados.

Necesitarás continuar examinado tu hogar para peligros durante los primeros años de vida de tu bebé. Asegúrate que las otras casas donde tu bebé pasa tiempo también estén protegidas a prueba de bebés.

Capítulo 15

Mantener a tu bebé saludable

Muchos problemas de salud y de desarrollo pueden prevenirse o reducirse con el buen cuidado médico. Parte del buen cuidado médico es llevar a tu bebé a sus exámenes regulares. El inmunizar o vacunar a tu niño a tiempo también es muy importante. También necesitas conocer las señales de enfermedad, cuándo llamar al médico o a la enfermera y los tipos básicos de cuidado casero que tu bebé enfermo pueda necesitar.

Claves para la salud de tu bebé

- Lacta a tu bebé para darle algunos de tus anticuerpos para luchar contra los gérmenes.
- Lávate las manos frecuentemente durante el día y asegúrate que los otros también lo hagan.
- Lleva a tu bebé al médico para exámenes regulares.

- Mantenla lejos de personas que están fumando. Pídeles a los visitantes y familiares que fuman que lo hagan fuera de la casa.

- Mantén a tu bebé alejada de personas que tienen resfriados, tos y otra enfermedad que podría propagarse fácilmente. Puede que no parezcan estar muy enfermos pero podrían propagar enfermedades que son serias para los bebés.

- Evita llevarla a lugares con mucha gente, como los centros comerciales y teatros de cine, durante los primeros meses.

- Asegúrate que tu bebé reciba sus inmunizaciones (vacunas) a tiempo para prevenir enfermedades serias.

Lavado de manos

Asegúrate que todo aquel que cuida de tu bebé se lava sus manos. Esta simple tarea es la mejor manera de evitar la propagación de gérmenes.

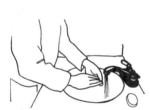

- Lava tus manos **antes** de atender o de jugar con tu bebé y antes de preparar los alimentos.

- Lávalas **después** de ir al baño, cambiarle su pañal, manejar alimentos crudos o de soplarte la nariz.

- Lávate las manos más frecuentemente si tienes un resfriado u otra enfermedad. (Si estás tosiendo, no uses tu mano para cubrir tu boca. A cambio, vira tu mano y tose sobre la manga de tu camisa.)

- Lávalas después de ir a la tienda.

- Asegúrate que los niños mayores se lavan las manos después de regresar de la guardería infantil o de la escuela o después de jugar afuera. No deberían tocar al bebé si tienen un resfriado.

Desinfectantes de mano y jabones antibacterianos

Evita usar los productos de limpieza antibacterianos en tus manos o en tu casa. Los mismos podrían afectar la salud a largo plazo haciendo que las bacterias sean resistentes a los medicamentos antibióticos. Esto significa que esos medicamentos no funcionarán bien contra las infecciones serias del futuro.

Un desinfectante de mano hecho con alcohol puede ayudar a prevenir la propagación de los virus como la gripe. Este tipo de limpiador no hace resistentes a las bacterias.

Cómo lavarte bien las manos

1) Usa agua tibia y jabón o un desinfectante de manos. No es útil usar jabón antibacteriano. La mayoría de las enfermedades comunes, tal como la gripe, son causadas por virus, no bacterias.

2) Frota las manos enjabonadas por 15 a 20 segundos (el tiempo que te toma tararear la canción de "Feliz Cumpleaños" lentamente). Puede tomar tanto tiempo para sacar verdaderamente los gérmenes de las uñas y los dobleces.

3) Enjuaga y seca tus manos con una toalla limpia.

Los exámenes de tu bebé

Análisis médicos después del nacimiento

Tu nuevo bebé recibirá un sinnúmero de análisis en el hospital o centro de parto. Estos incluyen pruebas generales de salud, audición y desarrollo. (Muchos recién nacidos reciben su primera inmunización para la Hepatitis B en el hospital.)

Una enfermera tomará una pequeña muestra de sangre del talón del bebé para un análisis que detecta varias enfermedades raras pero serias. Si se encuentra cualquier enfermedad y se trata inmediatamente podría evitarle a un bebé problemas serios por el resto de su vida.

En muchos estados, se requiere que a todos los bebés se les repitan los análisis de sangre 7 a 14 días después del nacimiento. **Si tu proveedor pide que lleves a tu bebé al consultorio para una segunda prueba, es importante hacerlo.** La segunda prueba podría hallar problemas que no aparecieron inmediatamente después del nacimiento.

Exámenes de bebé saludable

El médico de tu bebé querrá examinarla dentro de la primera semana. Tu bebé debería recibir exámenes regulares cinco a seis veces durante el primer año.

¿Por qué un bebé saludable necesita visitar al médico?

El médico o la enfermera practicante puede saber si tu bebé está creciendo normalmente examinando su cuerpo, crecimiento y desarrollo. Él puede hallar problemas que tú no puedes ver. El hallar tales problemas temprano evita que se

vuelvan serios. Tu bebé también recibirá las inmunizaciones en sus exámenes. El examen es una buena oportunidad para hacer preguntas acerca del cuidado y el desarrollo de tu bebé.

¿Qué sucede en los exámenes de bebé saludable?

En cada examen, el médico o la enfermera pesará a tu bebé y medirá su largo y el tamaño de la cabeza. Él examinará sus oídos, ojos, boca, pulmones, corazón, abdomen, genitales, caderas, piernas y reflejos.

Él examinará el desarrollo de tu bebé y buscará por cosas que ella está aprendiendo a hacer, tales como el levantar su cabeza y sonreír. Asegúrate de informarle acerca de las cosas nuevas que has visto a tu bebé hacer.

Hacer preguntas

Habla con el médico

El examen es el mejor momento para hacerle las preguntas que tengas a tu médico o enfermera. (Cuando visitas al médico con un bebé enfermo, puede que no tengas tiempo para hablar de tus otras preocupaciones.) Pero, puede que se te haga difícil acordarte de todas las cosas que deseas discutir. Anota tus preguntas cuando se te ocurran en tu casa. Lleva la lista al próximo examen.

También ayuda el anotar las respuestas a las preguntas cuando hables con el proveedor de cuidado médico de tu bebé. Esto te ayudará a acordar exactamente qué dijo.

Registro de inmunizaciones del bebé

Usa la página de registro al final de este capítulo para llevar la cuenta de los exámenes de tu bebé y sus inmunizaciones

Tu clínica o departamento de salud te dará una tarjeta para llevar una lista de todos los exámenes e inmunizaciones de tu bebé. Necesitarás esta información si cambias de médico o te mudas a otro pueblo. Guarda esta tarjeta en un lugar seguro y llévala a todos los exámenes del bebé.

Las inmunizaciones salvan vidas

¿Por qué los bebés necesitan inmunizaciones?

Tu bebé debería inmunizarse para protegerlo (inmunizarlo) contra algunas enfermedades muy serias que se propagan fácilmente de persona a persona. Antes que se desarrollaran las inmunizaciones para enfermedades como la difteria, el polio y el tétano, muchas personas morían de estas enfermedades o sufrían una discapacidad por el resto de sus vidas.

Gracias a las inmunizaciones, hoy día muchas enfermedades peligrosas son raras en este país. Puede que los padres de hoy día no comprendan cuán peligrosas éstas pueden ser. Sin embargo, recientemente han ocurrido brotes de sarampión y tos ferina en Estados Unidos.

Los brotes ocurren porque algunas personas que no habían sido inmunizadas se enfermaron. Pasaron los gérmenes a los bebés que no habían sido vacunados aún. Algunos bebés mueren en los brotes o sobreviven con problemas de salud a largo plazo. El inmunizar a tu bebé ayuda a protegerla a ella y a toda la comunidad.

Una vacuna es la sustancia que se le da a tu bebé para hacerla inmune. Para una protección completa, son necesarias varias dosis de algunas vacunas. Todos los estados requieren que los niños reciban cierto número de inmunizaciones antes de comenzar en una guardería infantil o la escuela. Los médicos recomiendan dar otros tipos que no son requeridas.

"Estuve contenta de llevar a inmunizar a mi bebé. Ahora no tengo que preocuparme de que alguien le pueda transmitir una enfermedad seria a mi niño."

Inmuniza completamente a tu bebé para los 15 a 18 meses de edad

No esperes hasta que tu bebé vaya la escuela o una guardería infantil. Ella podría ser afectada seriamente por algunas enfermedades durantes sus primeros años.

Los bebés deben recibir más de una dosis de la mayoría de las vacunas para recibir protección completa. Otros niños y adultos también deben recibir vacunaciones "de refuerzos" debido a que la protección puede menguar con los años. La vacuna contra la influenza debe administrarse cada año porque los gérmenes de la influenza cambian de año a año.

Para el 2006 hay 9 vacunas hechas para prevenir 13 enfermedades. Más están siendo desarrolladas. Una vacuna para prevenir el rotavirus (diarrea severa) podría añadirse a la lista muy pronto. En el futuro, las vacunas podrían combinarse para que menos inyecciones sean necesarias.

Puede parecer difícil que tu bebé reciba tantas inyecciones. Recuerda que el dolor sólo durará varios minutos pero el beneficio durará por años o una vida entera. Para la comodidad de tu bebé, acurrúcala, distráela con su cobija o juguete favorito o amamántala.

Vacunas recomendadas – 2006

Vacuna	Número de dosis	Edad cuando se administran las dosis
DTaP:	5 dosis	A los 2 meses, 4 meses, 6 meses, 15–18 meses, 4–6 años
Hep A	2 dosis	Para los niños mayores de 24 meses en las áreas de alto riesgo
Hep B:	3 dosis	Al nacer, 1–4 meses, 6–18 meses
Hib	4 dosis	A los 2 meses, 4 meses, 6 meses, 12–15 meses
Influenza	Anualmente	A los 6 meses o mas, administrada durante la temporada de influenza (2 dosis para niños que reciben esta vacuna por primera vez)
MMR	2 dosis	A los 12–15 meses, 4–6 años
PCV	4 dosis	A los 2 meses, 4 meses, 6 meses, 12–15 meses
Polio (IPV)	4 dosis	A los 2 meses, 4 meses, 6–18 meses, 4–6 años
Varicela	1 dosis	A los 12–18 meses

Las enfermedades que estas vacunas previenen

Muchas de estas enfermedades son raras hoy día. Sin las vacunas, sin embargo, podrían ser muy serias.

- **DTaP** para la difteria, el tétano y la tos ferina.

  La difteria puede causar problemas cardiacos y respiratorios, parálisis o muerte.

  El tétano causa problemas musculares y respiratorios severos y frecuentemente la muerte.

  La tos ferina puede causar tos severa, problemas pulmonares, convulsiones, daño cerebral o muerte en los bebés, pero es leve en los adultos.

- **Hep A** es para la hepatitis A, una enfermedad del hígado que se transmite a través de los alimentos, el agua y las manos sucias.

- **Hep B** es para la hepatitis B, una infección seria del hígado que puede transmitirse de la madre al bebé.

- **Hib** (or HBCV) es para la influenza hemófilus tipo B, la cual causa meningitis (hinchazón del cerebro) y puede llevar al daño cerebral.

- **Influenza** es la misma vacuna contra la influenza que se administra a los adultos todos lo años.

- **MMR** son las siglas en inglés de sarampión, paperas y rubéola (sarampión alemán).

  El sarampión puede producir sordera, daño cerebral o muerte.

  Las paperas pueden producir sordera y daño cerebral.

  La rubéola (sarampión alemán) puede causar daño cerebral en los bebés por nacer si se transmite de un niño a una mujer embarazada.

- **PCV** es por enfermedad por neumococos, la cual puede causar enfermedad cerebral, infecciones de la sangre y neumonía (pulmonía).

- **Polio** (IPV) es para el polio, el cual puede causar parálisis de por vida o muerte.

- La **varicela** puede causar pulmonía e hinchazón del cerebro y es más seria en los infantes y en los adolescentes y adultos.

Habla con el médico o la enfermera de tu bebé si tienes preguntas o preocupaciones acerca de las inmunizaciones. Hay mucha información incorrecta en las noticias acerca de la seguridad de las vacunas.

Preguntas comunes acerca de las inmunizaciones

¿Las vacunas pueden administrarse aún si mi bebé tiene un resfriado? Sí, recibir las vacunas cuando ella tenga una enfermedad leve no le hará daño.

¿Qué sucede si falto a un examen de bebé saludable? Haz otra cita y ve tan pronto como te sea posible para que puedas mantener las inmunizaciones de tu bebé al día.

¿Qué efectos secundarios debería esperar después de las inmunizaciones? Algunas no le darán a tu bebé ningún efecto secundario. Después de otras, tu bebé puede tener el lugar de la inyección enrojecido. Puede que ella esté fastidiosa por varios días. Pregúntale a tu médico o enfermera qué esperar y las mejores maneras de consolar a tu bebé.

¿El administrar varias inyecciones a la misma vez podría afectar al bebé? No, aunque pueda ser difícil para los padres observarlo. Cada inyección duele por un periodo corto de tiempo.

¿Puede un bebé enfermarse seriamente a partir de una inmunización? Es muy, muy raro que un bebé tenga una reacción severa. Sin embargo, si tu bebé parece estar enfermo después de una inmunización, asegúrate de llamar a tu médico o enfermera.

Si no quiero que mi niña sea inmunizada con una inmunización requerida, ¿aún así puede ir a la guardería infantil o la escuela? Un niño que no fue inmunizado puede ir, pero los padres deben firmar un formulario estatal de exención. Si ocurre un brote de enfermedad, puede que se requiera que el niño esté alejado de los otros niños.

El no estar inmunizado es un asunto serio de salud pública. Los padres tienen que entender que un niño que no recibe todas sus inmunizaciones podría contraer una enfermedad seria y prevenible de otros. También podría transmitir fácilmente esa enfermedad a otros.

Cuando tu bebé se enferma

Llama al médico o a la enfermera si tu bebé se ve o se comporta diferente de lo usual. Pronto aprenderás qué es normal para ella. Si estás preocupada, es mejor hablar con tu proveedor de cuidado médico. Si tu seguro o plan médico tiene una enfermera de consultas, también podrías llamar a ese número. Los médicos y las enfermeras esperan que los padres nuevos llamen tan frecuentemente como sea necesario. Las únicas preguntas tontas son aquellas que no se hacen.

Si no puedes conseguir a tu médico o enfermera después de las horas laborables, lleva a tu bebé a la sala de emergencias. Si crees que tu bebé podría estar en peligro, llama al 9-1-1.

Señales de advertencia: los primeros meses

Cualquiera de estas señales podría significar que tu bebé tiene una enfermedad seria. Llama inmediatamente si tu bebé tiene:

- **Piel que se ve amarillenta** (ictericia), es más seria durante las primeras 24 horas después del nacimiento, pero es más común en la primera semana después del nacimiento o en la segunda o tercera semana si estás lactando.

- **Cordón umbilical o pene circuncidado infectado:** sangre color rojo brillante o pus* blanca y un área enrojecida alrededor del vástago del cordón o la punta del pene.

- **Temperatura** menos de aproximadamente de 97° F (36° C) o más de 100° F (37.7° C; cuando se toma en la axila) o más de 100.2° F (37.9° C; cuando se toma rectalmente), cuando no está vestido muy cálidamente. Siempre usa un termómetro, no tus manos, para decidir si tu bebé tiene fiebre.

- **Falta de apetito:** Ningún interés en el pecho o el biberón por dos alimentaciones seguidas.

- **Tos o asfixie** mientras alimenta (excepto si la leche materna o la fórmula fluye muy rápido).

- **Ningún pañal mojado** en 12 horas (El colocar un pañuelo de papel dentro de un pañal desechable te ayudará a saber si se moja.)

- **Vómitos con fuerza** (lanzado de 2 a 3 pies desde la boca del bebé) o vómitos que persisten por más 6 horas (a veces un eructo normal puede parecer salir con fuerza.)

- **Diarrea** dos o más defecaciones que son verdes y aguadas, o más de 8 defecaciones blandas en 24 horas.

- **Barriguita que se siente dura** o llena.

- **Líquido o sangre que emana de cualquier abertura.** (Excepto que es normal que una niña recién nacida tenga un poco de sangre o descarga lechosa de su vagina durante la primera semana. También los pechos de algunos bebés pueden exudar un poco de leche durante los primeros días.)

- **Mucosidad amarilla-verdosa espesa** en la nariz del bebé.

*Pus: Descarga blanca o amarillenta, viscosa y maloliente que emana de una lesión infectada.

- **Problemas respiratorios**

  - Respiración rápida—más de 60 respiraciones por minuto (los bebés generalmente respiran mucho más rápido que los adultos)

  - Respiración muy pesada, con dificultad para respirar

  - Sonidos de silbido o gruñidos

  - Ninguna respiración por más de 15 segundos

- **Piel, labios o lengua azulados** (excepto por las manos o piel del bebé cuando están fríos o su rostro cuando está llorando muy fuerte).

- **Más llanto de lo normal,** especialmente chillidos agudos.

- **Más somnoliento de lo normal,** poco movimiento o el cuerpo del bebé está fláccido.

Antes de llamar al médico:

- Toma la temperatura de tu bebé si crees que tiene fiebre. Anota cuán alta está y si la tomaste en la axila o en el recto, y a qué hora.

- Toma notas de los síntomas o las cosas que te preocupan (por ejemplo: piel pálida, llanto agudo, defecaciones secas, vómitos o diarrea).

- Ten lápiz y papel listo cuando llames para que puedas anotar lo que te dice el médico o la enfermera.

Llama a la oficina de tu proveedor de cuidado médico o a la enfermera de consultas. El médico o la enfermera te dará ideas acerca de las cosas que puedes hacer en casa para ayudar a tu bebé a sentirse mejor. Él te puede pedir que lleves a tu bebé al consultorio o que vayas a una clínica de cuidado urgente o una sala de emergencias.

Algunas enfermedades a conocer

Ictericia de recién nacido: Piel amarillenta causada por cantidades anormales de "bilirrubina" en la sangre. El leve color amarillo puede ocurrir porque el hígado del bebé no funciona bien. Esto puede ocurrir durante las primeras semanas después del nacimiento. Este tipo puede que no necesite tratamiento. El tipo más serio de ictericia frecuentemente comienza durante el primer día después del nacimiento. La piel del bebé, aún las palmas de la mano, se volverán muy amarillentas. La ictericia seria puede llevar a daño cerebral si no es tratada.

RSV: Un virus serio, el cual comienza como un resfriado normal pero empeora mucho muy rápidamente. Puede que el bebé tenga mucha dificultad para respirar. (Se transmite a través de las manos sucias, así que el lavado de manos es muy importante para evitar que tu bebé se contagie.)

Rotavirus: Diarrea severa con vómitos y fiebre. Puede llevar a deshidratación severa. (También se transmite con facilidad por las manos sucias, así que asegúrate de lavar las manos frecuentemente.)

Fiebre: Tomar la temperatura de tu bebé

La fiebre es una señal de que tu bebé está luchando contra una enfermedad. No puedes saber que tu bebé tiene una fiebre simplemente sintiendo su frente. Su médico o enfermera practicante querrá saber exactamente cuán alta es la fiebre.

Usa un termómetro digital. Es más seguro, fácil y rápido que los antiguos termómetros de vidrio. Practica tomar la temperatura de tu bebé cuando no esté enfermo. Esto te dará una idea de cuál es su temperatura normal.

Hay varias maneras de tomar la temperatura de un bebé:

- en la axila (método axilar) te dará la lectura más baja; lo normal es 97.6°F (35.9°C).

- en el recto (método rectal) te dará la lectura más alta; lo normal es 99.6°F (37.6°C).

- en el oído (método timpánico): usa un termómetro especial y se recomienda solamente después de los 3 meses de edad. También dará una lectura alta.

Tomar la temperatura por boca (oralmente) es para los niños más grandes y los adultos. Esto dará una lectura normal de 98.6 °F (37.0 °C).

Pregúntale a tu proveedor de cuidado médico cuál método prefiere. Pregúntale cuán alta debe ser antes de llamar. Cuando le digas la temperatura de tu bebé, asegúrate de decirle dónde la tomaste.

Muchos padres hallan que la axila es el lugar más fácil donde tomar la temperatura de un bebé. También es el más cómodo para tu bebé. Es lo suficientemente preciso para la mayoría de las condiciones. Simplemente levanta el brazo de tu bebé y coloca la punta del termómetro digital en su axila. Luego baja su brazo y sostenlo contra su cuerpo. El termómetro digital emitirá un sonido cuando esté listo.

Tomar la temperatura del bebé en la axila.

Dar medicamentos a un bebé

Es más fácil darle medicina líquida a un bebé. Una jeringa para medicamentos o una cuchara especial hará fácil el colocar el medicamento en la boca del bebé. Una jeringa es mejor para medir y administrar pequeñas cantidades de medicina. (Puedes obtener éstas en una farmacia.)

Jeringa para medicamentos

Cuchara para medicamentos

Asegúrate de dar la cantidad correcta de medicamentos. Esto generalmente depende del peso y la edad del niño. Por ejemplo, a menos de 6 meses de edad, Tylenol sólo debería darse si el médico de tu bebé te dice que está bien. Él debería decirte cuánto administrar. Para los bebés más grandes, verifica la dosis listada en el envase.

Dar antibióticos

Si el médico ha recetado un medicamento antibiótico, asegúrate de dar el medicamento por el tiempo completo. El detenerlos muy temprano podría hacer que funcione menos bien la próxima vez que tu bebé lo necesite.

Los antibióticos solamente funcionan con una enfermedad causada por bacterias, tales como infección de garganta. Éstos no sanan enfermedades causadas por virus, tales como los resfriados o la gripe. El usar un antibiótico cuando **no** es necesario podría ser dañino. Esto haría a los gérmenes más fuertes, de manera que los medicamentos no funcionarán cuando sean necesarios en el futuro.

Esto también es cierto de los jabones antibacterianos vendidos para el uso en el hogar. Éstos pueden hacer daño más que ayudar y no deberían usarse.

Usar la sala de emergencias

Lleva a tu bebé a la sala de emergencias solamente en una verdadera emergencia, como una lesión seria y súbita o una enfermedad seria.

En la mayoría de los casos, el médico o la enfermera regular de tu bebé puede darle el mejor cuidado cuando ella esté enferma. Intenta llamar a tu proveedor de cuidado médico primero. Él u otro médico o enfermera que trabaje con él debería estar disponible para hablar contigo, aún en la noche, y decirte el mejor lugar para que vayas para recibir el tratamiento.

Lleva un registro de los exámenes de tu bebé y de sus inmunizaciones en la próxima página.

Los primeros exámenes de tu bebé

Examen de recién nacido

__ Primer análisis de sangre (antes de ir a casa)

__ Segundo análisis de sangre (si es necesario en tu estado) en la segunda semana

Comentarios: _____

Exámenes de bebé saludable

El itinerario exacto dependerá de la salud de tu bebé y de tu proveedor de cuidado médico o plan médico.

Primer examen (1–2 semanas)   (fecha) _____

Edad del bebé ____ semanas; peso ____ libras, ____ onzas;

Largo ____ pulgadas; tamaño de la cabeza ____ pulgadas

Comentarios: _____

_____

_____

Fecha y hora del próximo examen (generalmente a los 4 meses): _____

Segundo examen (2 meses)   (fecha) _____

Edad del bebé ____ semanas; peso ____ libras, ____ onzas;

Largo ____ pulgadas; tamaño de la cabeza ____ pulgadas

Comentarios: _____

_____

_____

Fecha y hora del próximo examen (generalmente a los 4 meses): _____

Primeras inmunizaciones

Fechas administradas

Hep B: primera entre el nacimiento hasta los 2 meses   _____

DTP: primera a los 2 meses   _____

Polio: primera a los 2 meses   _____

Hib: primera a los 2 meses   _____

Capítulo 16

Cuidarte a ti misma

Madre, ¡acuérdate de cuidar tu propia salud, también! Tú necesitas recuperarte del parto para que puedas darle el mejor cuidado a tu bebé.

Durante las primeras semanas después del nacimiento, necesitaras bastante descanso y tiempo para conocer a tu bebé. Deja que otros hagan los quehaceres.

Trata de tomar una siesta cuando tu bebé duerma. ¡Necesitarás el sueño! Olvida todas las cosas adicionales que crees que deberías hacer alrededor de la casa.

Obtener ayuda en el hogar

No tienes que hacer todo el trabajo del hogar. Tu compañero, amigas y familiares querrán ayudarte en este tiempo especial. Ellos podrían hacer quehaceres como

Este capítulo incluye:

- Ayuda en el hogar

hacer la lavandería y lavar los platos. Ellos podrían llevarte comida preparada para ti y tu familia e ir de compras por ti. Déjalos hacer las cosas que te separarían de tu bebé y sus necesidades.

Muchas personas estarán felices de ayudarte pero puede que ellos quieran saber qué necesitas más. Está bien decirles qué necesitas para ayudarte. Asegurate que no te sientas como que debes cuidar de ellos. No necesitas entretener visitas ahora. Puede que también encuentres que quieres pasar tiempo a solas con tu bebé. Está bien decir "no entretendre visitas hoy."

Un visitante a quien probablemente le darás la bienvenida en los primeros días es a la enfermera visitante. Esto es un servicio maravilloso, que te dará tiempo con un profesional de la salud diestro. Ella podrá contestar tus preguntas acerca de las necesidades de tu bebé y de tu propia recuperación. Ella te puede demostrar cómo hacer las cosas de las que no estás segura.

Que esperar a medida que tu cuerpo sana

- **Tendrás una descarga rosada o parduzca** de tu vagina por varias semanas. Usa toallas sanitarias solamente, nunca tampones. Si eres muy activa, tu flujo puede volver a verse rojo brillante nuevamente. Si tienes sangrado profuso o si la descarga es maloliente, llama a tu médico o enfermera partera.

- **Tu útero se hará más pequeño rápidamente.** Tu peso bajará también. Usa el apretón de Kegel y la inclinación pélvica (página 95) para ayudar a que tu barriga y vagina regresen a su forma.

- **Si tuviste una episiotomía o un desgarre,** de tu perineo, tu perineo estará adolorido. Los baños tibios o las toallitas de [agua maravilla] (Tucks) serán un alivio. Mantén el área limpia. Cambia las toallitas frecuentemente.

- **Si recibiste suturas en tu perineo puede que te tengas que preocupar que se salgan** cuando tengas una defecación. Si es así, sostén un poco de papel higiénico contra las suturas mientras pujas.

- **Si tienes problemas para orinar,** toma mucha agua. El orinar en la ducha o vertiendo agua tibia sobre tu vulva mientras estás sentada en el excusado podría ayudar. Si aún necesitas ayuda, llama a tu médico o enfermera partera.
- **Para evitar el estreñimiento,** come frutas y vegetales frescos, cereal de salvado y ciruelas. Toma entre 8 y 10 vasos de agua al día.

"Traté de comer muchas frutas y vegetales pero aún seguía estreñida. Cuando comencé a tomar mucha agua también, funcionó mejor. El jugo de ciruela funcionó muy bien."

Señales de advertencia: Las primeras semanas

Llama a tu médico o enfermera partera si tienes:

- sangrado profuso—de color rojo brillante o coágulos que empapan tu toalla sanitaria en una hora o menos
- descarga de tu vagina que es maloliente
- fiebre
- dificultad para orinar o de defecar
- dolor en el área genital o en el útero
- incisión (episiotomía o cesárea) que muestra señales de infección (pus, enrojecimiento, dolor o hinchazón)
- senos adoloridos (después que te haya llegado la leche y tus senos estén ingurgitados); senos que tienen áreas calientes y enrojecidas; pezones que están agrietados y adoloridos
- piernas hinchadas o un área tibia, enrojecida y adolorida en una pierna
- problemas para dormir (cuando el bebé duerme) o sentirte muy emocional o triste (especialmente si este estado de ánimo continúa por dos semanas o más

Recuperarte después de una cesárea

Si tuviste una cesárea, puede que tengas mucho dolor por algún tiempo. Necesitarás ayuda adicional con tus quehaceres domésticos tales como el cocinar, limpiar o con la lavandería. Trata de no cansarte excesivamente. Esto retrasaría tu recuperación y podría darte menos energía para tu bebé.

Duerme tanto como puedas pero también levántate y muévete. El quedarte en la cama no es saludable. Camina por la casa y pasa algún tiempo sentada en una silla varias veces al día. Probablemente será doloroso ponerte de pie. Sostén una almohada firmemente sobre tu incisión mientras te levantas de la cama o de una silla.

Sostener una almohada sobre tus suturas hará el levantarte menos doloroso

Usa tus energías para la lactancia y para acurrucar a tu bebé. La lactancia puede ser más cómoda si te acuestas de lado o te sientas con tu bebé en la posición de fútbol. Deja que otros cambien el pañal de tu bebé o lo caminen para ayudarlo a dormir.

Cuidado de los senos

Usa un sostén fuerte que sea lo suficientemente grande para tus senos. Puede que estés más cómoda usando un sostén para lactante todo el tiempo, aún en las noches.

No es necesario limpiar tus pezones antes y después de cada alimentación. De hecho, eso puede hacerlos dolorosos. Sólo déjalos secarse al aire por varios minutos después de lactar. Lávalos normalmente cuando te bañes diariamente.

Si uno de tus pezones comienza a doler, puedes tratar de colocar una bolsa de té mojada y fresca sobre él. También verifica que tu bebé esté acostado de frente a tu seno. Asegúrate que él se está enganchando correctamente. (Ve el Capítulo 12 para más información acerca del cuidado de los senos.)

Asegúrate de llamar a tu enfermera o consultor de lactancia inmediatamente si:

- Un pezón se agrieta o comienza a sangrar
- Un seno tiene un área enrojecida y con dolor, junto con fiebre, dolor de cabeza o síntomas de influenza

Si no estás lactando

Si has decidido no lactar, tus senos tienen que dejar de producir leche. Esto generalmente toma alrededor de una semana. Puedes ayudar a que esto suceda con el uso de medicamentos. Las maneras de lograr esto son:

- Usa un sostén de buen apoyo y evita tocar tus senos tanto como sea posible.
- Usa un analgésico tal como Tylenol.
- Coloca compresas de hielo sobre tus senos en el lado axilar varias veces al día. Evita echar agua caliente sobre tus senos mientras te duchas o te bañas.
- Bebe menos líquidos por varios días.

Mantén tus hábitos saludables

Tú puedes ayudar a tu cuerpo a sanarse. Sigue los hábitos de alimentación saludable que comenzaste con el embarazo (Capítulo 4). Necesitarás comer bien para recuperar fuerza y energía. Come bastantes proteínas y calcio de las carnes, los pescados, los frijoles, la leche y el queso. Si estás lactando a gemelos o trillizos, necesitarás comer más alimentos para producir mayores cantidades de leche.

Comienza a ejercitarte lentamente otra vez. El caminar es la mejor manera de comenzar. Puedes llevar a tu bebé contigo en un portabebé o un cargador frontal. Él disfrutará del movimiento y de estar acurrucado contra tu pecho. Si tuviste una cesárea, pregúntale a tu médico antes de comenzar a hacer ejercicio.

Hay ejercicios simples que puedes hacer para tu estómago y tu espalda. Tu médico o enfermera partera puede darte algunos detalles. Antes que hagas ejercicio más vigoroso, verifica con tu proveedor de cuidado médico.

Acuérdate de cómo levantar con seguridad a medida que comienzas a cargar y levantar a tu bebé. Mantén la espalda derecha y dobla tus rodillas cuando lo levantas.

Evita el alcohol y otras drogas

Ser una nueva madre puede ser difícil, pero el alcohol, los cigarrillos y las otras drogas pueden hacerlo más difícil. Todas estas cosas dañan tu salud. Ellas también pueden hacer más difícil—no más fácil—para que tu lidies con las partes difíciles de ser padre.

Si estas lactando, estas drogas podrían afectar el cerebro de tu bebé y su crecimiento. La leche materna lleva el alcohol, la nicotina y las otras drogas a tu bebé.

El humo en el aire que tu bebé respira puede darle problemas de salud también. Los bebés de los fumadores generalmente tienen más resfriados, infecciones de oído y mayor riesgo del Síndrome de Muerte Súbita Infantil (SIDS por sus siglas en inglés). Cualquiera que fuma debería hacerlo fuera de la casa y no en el auto.

Tu propio examen de las seis semanas

Deberías ver a tu médico o enfermera partera al menos una vez aproximadamente a las seis semanas de haber dado a luz. Él querrá examinar cómo se está recuperando tu cuerpo, cómo te sientes y ayudarte a decidir qué tipo de control de natalidad podría ser mejor para ti.

No necesitas esperar hasta esta visita si tienes preguntas urgentes. Llama a tu proveedor de cuidado médico en cualquier momento.

Pensar acerca del control de natalidad

Algunas mujeres quedan embarazadas nuevamente sólo unos meses después del parto. La mayoría no quiere quedar embarazadas tan pronto. Esto puede ser muy duro para su salud y la de su bebé.

Planificación familiar significa decidir cuándo tú y tu compañero quieren otro bebé. Esto significa usar control de natalidad (contraceptivos o protección) para asegurar que no quedes embarazada antes que estés lista. Pregúntense cuántos niños desean. ¿Cuándo quieren otro bebé?

Es mejor esperar al menos 18 meses a 2 años entre cada bebé. Esto le dará tiempo a tu cuerpo para fortalecerse nuevamente después del parto. También ayuda que tus bebés sean más saludables. Esto significaría esperar hasta que tu bebé tenga 9 a 15 meses de edad.

Datos acerca de la planificación familiar

- Una mujer puede quedar embarazada antes que su periodo menstrual comience nuevamente.

- **La lactancia no es una forma efectiva de control de natalidad** después de los primeros meses. Puede funcionar por varios meses si lactas exclusivamente y no das ningún otro alimento ni agua a tu bebé. Para protección contra el embarazo a largo plazo, necesitas usar un método contraceptivo diferente.

- **La retirada** del pene del hombre antes del orgasmo no es efectivo.

- **El método del ritmo** solo puede usarse después que tus periodos están completamente regulares nuevamente.

- **Si comienzas a tener relaciones sexuales antes de ver a tu médico,** usa condones junto con un espermicida* (espuma o gel) o una esponja con espermicida. Éstos cuestan muy poco y están disponibles sin receta en una farmacia. Estos métodos no son tan efectivos como otros métodos para uso a largo plazo.

- **El condón** es el único tipo de control de natalidad que también puede prevenir las enfermedades de transmisión sexual. Hay condones para mujeres al igual que para los hombres.

- **Muchos tipos de control de natalidad son muy seguros,** fáciles de usar y efectivos. Habla con tu médico o enfermera partera acerca de las opciones que tienes, tales como la píldora, la inyección, el parche, el dispositivo intrauterino (DIU) y el diafragma. Todos tienen diferentes beneficios.

*Espermicida: Medicamento que mata los espermatozoides del hombre.

Contraceptivos de emergencia

Si tuviste relaciones sexuales sin protección (o si un condón se rompe), hay una píldora de emergencia. Ésta puede evitar que quedes embarazada si se toma dentro de dos a tres días después de haber tenido relaciones sexuales sin protección. Llama a tu proveedor de cuidado médico y pregúntales acerca de los contraceptivos de emergencia. Éstos son solamente para emergencias, no para usarse a cambio de un método de control de natalidad regular.

¿Te sientes triste o deprimida?

Los días después del parto pueden ser muy emotivos. Hay muchas cosas nuevas que aprender y mucha responsabilidad. Lo que otros creen es un tiempo de felicidad puede ser muy difícil.

Muchas mujeres se sienten mal o tristes después de haber dado a luz. Ellas pueden llorar fácilmente, se enfadan por cosas pequeñas o tienen dificultad para comer o dormir. Esto es normal y generalmente desaparece dentro de aproximadamente dos semanas.

Estos sentimientos vienen en parte de los cambios en tus hormonas después del parto. También, probablemente no estás durmiendo lo suficiente. Puedes hallar que el ser madre es mucho más trabajo y menos diversión de lo que habías soñado. Te puedes sentir muy sola y puede que extrañes a tus amigos del trabajo. Está bien llorar por estas cosas.

El ser un nuevo padre puede ser difícil, aunque estás aprendiendo a conocer y amar a tu bebé. Infórmale a tu pareja, tus familiares y amigos cuándo te sientes deprimida. A veces, simplemente decirle a alguien acerca de tus sentimientos te puede hacer sentir mejor.

Si tu infelicidad dura más de dos semanas, verifica si tienes estas señales de la depresión:

- Te sientes muy triste, culpable o desesperanzada
- Te siente como que no eres capaz de cuidar de tu bebé
- Te preocupas acerca de cosas que no puedes controlar
- Duermes todo el día o no duermes en lo absoluto
- No puedes comer
- Te sientes como que no te puedes concentrar en lo que estás haciendo
- Te sientes como que podrías lastimarte a ti o a tu bebé

Si sientes sólo uno o dos de los sentimientos descritos arriba, deberías buscar ayuda. La depresión puede ocurrir fácilmente. Esto no significa que eres una mala madre, así que no tengas miedo de pedir ayuda.

Habla con tu pareja o una amiga. Llama a tu médico o enfermera o a un consejero de salud mental. Trata la depresión lo antes posible. Tu bebé necesita tu amor y atención. Tú te mereces disfrutar de tu bebé y de este tiempo especial en tu vida.

¡Nadie es un padre perfecto!

¿Tú o tu pareja están preocupados acerca de hacer las cosas mal? No necesitas saber todas las respuestas. Aprenderás sobre la marcha

Puedes buscar consejos de amigos, familiares, vecinos, tu clínica de salud y otras organizaciones. Hay grupos de padres, consultores de lactancia y grupos de juegos a quienes puedes recurrir. Los libros, videos y el Internet tienen abundante información buena.

Recuerda, cada comunidad tienen recursos para ayudar a los padres a criar niños felices y saludables. **¡No tienes por qué hacerlo sola!**

Afirmaciones a recordar

Estoy aprendiendo cada día más acerca de cómo ser buena conmigo misma.

No soy la primera persona que ha pasado por este tiempo especial y a veces difícil.

Tengo amigos a quien puedo llamar cuando necesite apoyo o a alguien con quien hablar.

Yo sé que puedo hallar personas en la comunidad que me ayudarán si lo necesitara.

Estoy aprendiendo cada día más acerca de cómo ser madre.

Estoy siendo la mejor madre que puedo ser, sabiendo lo que se ahora.

Veo cómo mi bebé aprende y crece semana a semana.

Mi bebé me da la oportunidad de ser una mejor persona.

Nadie es perfecto. Mi niño me perdonará los pequeños errores que he cometido.

Nada nunca permanece igual. Cada día trae una nueva oportunidad para crecer.

Soy una buena madre.

Capítulo 17

Recursos para ayudarte

Cuándo necesitas saber más

Hay más cosas que aprender acerca del embarazo, el parto y el cuidado infantil de lo que pueda incluirse en un libro. Este capítulo te da las herramientas para aprender más.

Si escuchas o lees consejos que parecen ser completamente diferentes de lo que has leído o has escuchado de tu proveedor de cuidado médico, asegúrate de verificarlo. Pregúntale a tu proveedor de cuidad médico acerca de lo que aprendes. Usa tu sentido común antes hacer grandes cambios en lo que haces.

Estoy agradecida que hayas completado tu embarazo y te deseo éxito como madre. Espero que este libro te haya ayudado. Si te gustaría comprar una copia para una amiga o un familiar, por favor llama a Bull Publishing al 1-800-676-2855.

Este capítulo incluye:

Obtener ayuda

Puede que ya conozcas de algunas de las organizaciones mencionadas aquí. Todas ellas tienen servicios útiles para las mujeres embarazadas y para los nuevos padres. Éstas pueden ayudarte a hallar otros recursos y muchas de ellas pueden encontrarse en el Internet (ve la lista de Recursos nacionales).

Algunas de las mejores ayudas vendrán de organizaciones o agencias en tu propia ciudad o pueblo. La mayoría de las organizaciones nacionales tiene capítulos locales. Su número de teléfono y dirección pueden hallarse en la Páginas Amarillas o Páginas Blancas de tu guía telefónica. Busca bajo el directorio de "Salud", "Educación" o "Gobierno".

También puedes hallar enlaces locales en los sitios Web de las organizaciones nacionales. Tu proveedor de cuidado médico, departamento de salud del condado o el trabajador social del hospital también te pueden ayudar.

Recursos Comunitarios:

Consultores de lactancia, La Leche League

Enfermeras parteras certificadas y doulas

Clases de educación de parto, ICEA, Lamaze

Iglesia, sinagoga u otro lugar de culto: Programas de apoyo de padres.

Centros de salud comunitarios: Cuidado prenatal y cuidado de bebé saludable.

Colegios comunitarios: Educación para padres.

Líneas de información comunitaria: : Referidos a los servicios locales, disponibles en muchas ciudades y condados.

Departamento de Salud del Cuidado: : Cuidado prenatal, cuidado de bebé saludable, educación para padres, visitas al hogar.

Línea de ayuda para crisis: Ayuda telefónica y servicio de información para personas que están molestas, tristes o enfadadas, incluyendo las mujeres abusadas.

Planificación familiar: Clínicas de Planificación Familiar.

Hospitales: Clases de preparación para el parto, clases de crianza y de primeros auxilios para infantes.

Centro de salud mental: Grupos de asesoría y de apoyo para personas con problemas.

Grupos de apoyo para padres: Grupos establecidos por diversas organizaciones donde los padres se apoyan y ayudan los unos a los otros. Incluye grupos de padres nuevos y grupos de padres de niños con discapacidades específicas.

Biblioteca pública: Libros, panfletos, grabaciones y notificaciones de programas educativos acerca de salud prenatal y familiar.

Coalición de Niños Seguros: : información y programas acerca de los asientos de auto para niños y otros temas de seguridad de niños.

Enfermera escolar: Profesional del cuidado médico que es capaz de ayudar a los estudiantes a lidiar con sus obstáculos médicos.

WIC: Programa de Alimentos y Nutrición para Mujeres, Infantes y Niños.

Tu plan de seguro médico: Tu compañía de seguro médico o tu Organización para el Mantenimiento de la Salud (HMO por sus siglas en inglés), la cual puede incluir un servició de información médica.

Recursos nacionales:

Hay una cantidad sorprendente de información excelente en el Internet. También hay información cuestionable. Si no tienes una computadora y necesitas contactar a una de estas organizaciones, puedes usar una computadora en tu biblioteca local.

Algunas páginas Web también tendrán enlaces útiles a otros sitios Web útiles. Algunas también tendrán páginas en español.

Las direcciones de Internet pueden cambiar inesperadamente. Si no puedes localizar el servicio que deseas a través de la dirección dada aquí, por favor haz una búsqueda usando palabras claves tales como el nombre de la organización o un tema específico como "información de lactancia."

Ten cuidado cuando usas el Internet. Verifica los auspiciadotes de los sitios Web que encuentres y las fuentes de información. Busca primero en los sitios de las organizaciones médicas o gubernamentales principales. Algunos otros lugares son de grupos pequeños sin fines de lucro, pero otros principalmente venden productos. Algunos solamente dan un lado de un tema de salud, uno que podría ser incierto. Si hallas información que es muy diferente de los que está en este libro, asegúrate de preguntar acerca de ella en tu próximo examen.

Abuso de alcohol, drogas y tabaco:

Línea Nacional de Ayuda para el Tratamiento del Abuso de Drogas y Sustancias controlados 1-800-662-HELP (1-800-662-4357)

Información de Tabaco y Fuente de Prevención: una guía para dejar de fumar; http://www.cdc.gov/tobacco/quit/canquit.htm

Centro Nacional de Información sobre Alcohol y Drogas: 1-800-729-6686

Lactancia

La Leche League: Información y ayuda con la lactancia, o para hallar un grupo o líder local; http://www.lalecheleague.org, 1-800-LALECHE (1-800-525-3243)

Centro Nacional de Información sobre la Salud de la Mujer: http:www.4woman.gov/Breastfeeding/

Academia Americana de Pediatría: http://www.aap.org/healthtopics/breastfeeding.cfm

Abuso de niños:

Centro Nacional de Información del Abuso y la Negligencia de Niños, http://nccanch.acf.hhs.gov/

Línea Nacional de Ayuda sobre el Abuso de Niños: 1-800-4-A-CHILD (1-800-422-4453)

Educación de parto:

Asociación Internacional de Educación del Parto (ICEA por sus siglas en inglés): Clases de preparación del parto y de crianza. Encuentra maestros de parto, http://www.icea.org

Lamaze Internacional: Clases en el método de parto Lamaze; preparación y crianza; Halla maestros locales en: http://www.lamaze.org; 1-800-368-4404

Depresión (depresión posparto):

Centro Nacional de Información sobre la Salud de la Mujer: : http://www.4woman.gov/faq/postpartum.htm

Violencia doméstica:

Women'sLaw.org: información legal específica de cada estado y recursos locales para las mujeres abusadas, http://www.womenslaw.org/

Línea Nacional de Ayuda sobre la Violencia Doméstica (1-800-799-7233), también tiene servicio en español; http://www.ndvh.org/

Líneas de ayuda estatales o líneas de ayudas locales para crisis.

Doulas de Norteamérica:

Asistentes de parto entrenadas: http://www.dona.org; 1-888-788-DONA (1-888-788-3662)

Planificación familiar:

Federación de Planificación Familiar de América: control de natalidad (contraceptivos), planificación familiar, salud de la mujer (el número telefónico conecta a la persona quien llama con la clínica más cercana), 1-800-230-PLAN (1-800-230-7526), http://www.plannedparenthood.org/womenshealth/

Salud y desarrollo infantil:

Academia Americana de Pediatría: escoge el tema de salud o haz una búsqueda, http://www.aap.org/topics.html and http://www.aap.org/parents.html

Academia Americana de Médicos de Familia: http://www.familydoctor.org

Kids Health (Fundación Nemours): http:www.kidshealth.org

Zero to Three (Zero a Tres): desarrollo infantil, http://zerotothree.org/ztt_parents.html

Guía Web de Niños y Familias de la Universidad Tufts: http://www.cfw.tufts.edu

Prevención de lesiones, en general, relacionada a los niños:

Safe Kids U.S.A. (Niños Seguros de EE.UU.): http://www.safekids.org, 202-662-0600

Nutrición, seguridad alimenticia:

Alimentación saludable, la nueva pirámide alimenticia: incluye cómo hallar qué comer basado en la edad y el nivel de actividad, http://www.mypyramid.gov/

WIC (Programa Especial de Nutrición suplemental para Mujeres, Infantes y Niños), http://www.fns.usda.gov/wic/ (Haz clic en "How to Apply" [Cómo Solicitar] para hallar los contactos estatales y los números telefónicos libres de cargo.)

Mercurio en el pescado: http://www.epa.gov/waterscience/fish/index.html

Ayuda, consejos por envenenamiento:

(NOTA: Si la víctima se desmayó o no está respirando, llama al 9-1-1 inmediatamente)

Línea de ayuda nacional, 1-800-222-1222

Asociación Americana de Centros de Control de Envenenamiento, http://www.aapcc.org /children.htm

Embarazo y parto

Colegio Americano de Enfermeras Parteras: http://www.midwife.org/focus/

March of Dimes: Educación e información prenatal acerca de defectos congénitos; http://www.marchofdimes.com/

Asociación de Centros de Maternidad: discusiones claras de temas actuales, como el parto no emergente por cesárea, basadas en investigaciones actuales; (212) 777-5000, http://www.maternitywise.org,

Centro Nacional de Información sobre la Salud de la Mujer:: embarazo, lactancia, etc.; 800-994-WOMAN (9662); http://www.4woman.gov/ español/elembarazo

Seguridad automovilística:

SafetyBeltSafe U.S.A., Línea de ayuda:1-800-745-SAFE (1-800-745-7233); http://www.carseat.org

Administración Nacional de Seguridad del Transito en las Carreteras, información y revocaciones de asientos de autos para niños, Línea de Ayuda Vehicular, 1-800-424-9393; http://www.nhtsa.dot.gov/cps/

Localizador de lugares de Inspección de Asientos de Auto: http://www.seatcheck.org/; 1-866-SEAT-CHECK (1-866-732-8243)

Enlaces de seguridad de asientos de auto: http://www.cpsafety.com

Seguridad en el hogar:

Comisión de Seguridad de Productos para el Consumidor: Información de seguridad y revocación de muebles y juguetes para niños, http://www.cpsc.gov, 1-800-638-2772

Consejo de Seguridad en el Hogar: http://www.homesafetycouncil.org

Síndrome de Muerte Súbita Infantil:

- SIDS: Campaña "Back to Sleep" (Dormir Boca Arriba), ; http://www.nichd.nih.gov/sids /sids.htm

- Alianza SIDS: http://www.sidsalliance.org

Padres adolescentes:

http://www.cfw.tufts.edu (ve a "Family/Parenting" [Familia/Crianza])

http://www.teenparents.org/

http://www.teenageparent.org/

Gemelos, Múltiples:

Clubes de Madres de Gemelos: Apoyo para familias de gemelos y partos múltiples; http://www.nomotc.org/

Programa WIC de Alimentos y Nutrición:

Ve el listado de Nutrición arriba

Salud de la Mujer:

Centro Nacional de Información sobre la Salud de la Mujer: http://www.4woman.gov/

Opciones para lectura adicional

Este libro te ha dado lo básico que cada mujer necesita saber durante el embarazo y los primeros meses después del nacimiento. Hay muchos libros que tienen más detalles. Aquí tienes varios libros que yo creo hallarás útiles. Búscalos en tu biblioteca o librería local o en la librería de Planificación Familiars.

Algunos libros acerca del cuidado general, comportamiento y desarrollo de bebés son clásicos. Éstos por lo general no pasan de moda. Sin embargo, al escoger un libro de información de cuidado médico, asegúrate que haya sido publicado en los últimos años. (Verifica la fecha en la parte de atrás de la portadilla.) Si encuentras consejos que te confunden, asegúrate de preguntarle a tu médico o enfermera partera al respecto.

Busca libros por organizaciones médicas y de autores conocidos, tales como T. Brazelton, MD; William Sears, MD; Penelope Leach; Penny Simkin; y Sheila Kitzinger. Abre un libro y lee varias páginas antes de comprarlo. Compara algo específico, como la lactancia, en varios libros. Algunos serán más fáciles y más divertidos de leer que otros.

Cuidado prenatal

A Child is Born [Un niño ha nacido], Lennart Nilsson, 2003, un libro clásico de fotografías de la concepción, el embarazo y el parto

Complete Book of Pregnancy and Childbirth, [Libro completo de embarazo y parto], Sheila Kitzinger, 2004, **Girlfriends' Guide to Pregnancy,** [La guía del embarazo de las amigas], Vicki Iovine, 1995, humoroso y práctico

K.I.S.S. Guide to Pregnancy, [La guía breve y sencilla del embarazo], Felicia Molnar, 2001, fácil de leer , resúmenes claros, fotos excelentes

Nine Months and a Day, [Nueve meses y un día], Annette Lieberman and Linda Hold, MD, 2000

Pregnancy, Childbirth and the Newborn, [Embarazo, parto y el recién nacido], Penny Simkin, PT, Janet Whalley, RN, BSN, and Ann Keppler, RN, MN, 2001

When You're Expecting Twins, Triplets, or Quads, [Cuando esperas gemelos, trillizos o cuatrillizos], Dr. Barbara Luke & Tamara Eberlein, 2004

Especialmente para adolescentes

Your Pregnancy & Newborn Journey: A Guide for Pregnant Teens [Tu embarazo y el recorrido de tu recién nacido: Una guía para adolescentes embarazadas]

Nurturing Your Newborn: Young Parents' Guide to Baby's First Month [Crianza de tu recién nacido: La guía de los padres jóvenes para el primer mes del bebé

Teen Dads: Rights, Responsibilities & Joys [Papás adolescentes: Derechos, responsabilidades y gozos]

Your Baby's First Year, A Guide for Teenage Parents, [El primer año de tu bebé, una guía para los padres adolescentes]

Estos libros son de Morning Glory Press, por Jeanne Lindsey y Jean Brunelli, PHN, http://www.morninggglorypress.com

Cuidado de bebé

Best Start, Your Baby's First Year, [El mejor comienzo, el primer año de tu bebé], Deborah Stewart y Linda Ungerleider, 2001, Bull Publishing

Heading Home with your Newborn, [Regresar a casa con tu recién nacido], Laura A. Jana, MD, yJennifer Shu, MD, 2005, Academia Americana de Pediatría

Caring for Your Baby and Young Child, [Cuidar a tu bebé y niño pequeño], Steven P. Shelov y Robert E. Hanneman, Editors, 4ta Edition, 2004, Academia Americana de Pediatría

Breastfeeding, Pure & Simple, [Lactancia, pura y simple], Gwen Gotsch, 1994, La Leche League International

Girlfriends' Guide to Surviving the First Year of Motherhood, [La guía de las amigas para tu primer año de maternidad], Vicki Iovine, 1997, humoroso y práctico

K.I.S.S. Guide to Baby & Child Care, [La guía breve y sencilla para el cuidado infantil y de bebé], Joanna Moorhead, 2002, fácil de leer, resúmenes claros, fotos excelentes

Premature Baby Book, [El libro de bebés prematuros], William Sears, MD y otros, 2004,

The Womanly Art of Breastfeeding, [El arte femenino de la lactancia], La Leche League, 2004, un libro clásico

Touchpoints: Your Child's Emotional and Behavioral Development, [Touchpoints: El desarrollo emocional y de comportamiento de tu bebé], T. Berry Brazelton, MD, 1992, un libro clásico, al igual que otros por el Dr. Brazelton

Year After Childbirth: Surviving and Enjoying the First Year of Motherhood, [Un año después del parto: Sobrevivir y disfrutar el primer año de maternidad], Sheila Kitzinger,1994

Un glosario de palabras que uno debe saber

Abdomen – La parte de tu cuerpo debajo de tus costillas y arriba de tus piernas. Éste contiene tu estómago, útero y otros órganosr.

Aborto – Terminación de un embarazo, la cual puede ser natural (aborto espontáneo) o hecha por un médico (aborto inducido).

Aborto espontáneo – Parto de un embrión o feto muerto antes de las 20 semanas, demasiado temprano para que sobreviva.

Acidez estomacal – Una sensación de ardor en tu pecho causada por el ácido de tu estómago que sube por el tubo que va hasta tu boca.

Adelgazamiento – El adelgazamiento del cuello uterino durante la primera etapa del trabajo de parto.

Alcohol isopropílico – Tipo de alcohol que se utiliza para matar gérmenes (no es seguro para tomar).

Amniocéntesis – Una prueba del líquido dentro de la bolsa de aguas que muestra ciertas cosas acerca de la salud de tu bebé por nacer.

Analgésico libre de aspirina – Paracetamol, un medicamento mejor que la aspirina para los niños con dolor o fiebre; "Tylenol" es una marca común.

Anestesia – Varios medicamentos usados para reducir o eliminar el dolor.

Anticuerpos – Células producidas en el cuerpo de una persona para luchar contra las enfermedades. Los primeros anticuerpos de un bebé vienen del colostro y de la leche de la madre.

Asesoría genética – Ayuda para personas con problemas de salud que pueden ser heredados por los niños.

Asiento de auto para niños – Un asiento diseñado y probado especialmente para usarse para proteger infantes o niños de las lesiones en un accidente vehicular.

Asiento de seguridad para niños (retención infantil) – Otras palabras para "asiento de auto para niños".

Aspirina – Un medicamento que puedes comprar sin la receta de un médico y que reduce el dolor y la fiebre.

Aureola – El área oscura alrededor del pezón.

Bolsa de aguas – El saco amniótico en el cual el bebé crece dentro del útero.

Bolsa de aire – Un dispositivo de seguridad para los pasajeros del asiento delantero de un auto y que está escondido en el panel de instrumentos y que se abre si ocurre un accidente.

Calcio – Un mineral en los alimentos que es necesario para hacer crecer y fortalecer los huesos y dientes.

Calorías – Energía en los alimentos. Algunos tipos de alimentos tienen más calorías que otros.

Canal de parto – Tu vagina, la abertura a través de la cual nacerá tu bebé.

Cesárea – Parto de un bebé mediante un corte hecho a través de la barriga de la mujer hasta el útero.

Circuncisión – Cirugía para remover la piel suelta alrededor de la punta del pene de un bebé varón.

Colostro – El líquido aguado y amarillento que sale de los pezones de una mujer durante las etapas finales del embarazo y los primeros días después del parto.

Concepción – El comienzo del crecimiento de un bebé, cuando el óvulo de la madre se une con el espermatozoide del padre.

Condón – Un tubo de goma o látex con un extremo cerrado que se coloca sobre el pene del hombre durante las relaciones sexuales para evitar el embarazo y las enfermedades que pueden transmitirse durante el sexo.

Contracciones – apretamiento y relajación del músculo de tu útero.

Contracciones de Braxton-Hicks – Apretamiento y relajación del músculo de tu útero durante los últimos meses del embarazo.

Contracepción – Ve Control de natalidad.

Control de natalidad – Control de natalidad – Maneras de evitar quedar embarazada cuando tienes relaciones sexuales. Ejemplos: condones, diafragma, píldoras, dispositivo intrauterino (DIU).

Cordón umbilical – El tubo largo que conecta la placenta con el cuerpo del bebé por nacer por el ombligo. Éste lleva alimento y oxígeno desde el cuerpo de la madre y los desechos del cuerpo del bebé.

Cuello uterino – El cuello (abertura) del útero. Durante el parto empujas a tu bebé a través del cuello uterino a la vagina.

Cuidado de canguro – Acurrucar a un bebé contra el pecho desnudo de un padre de manera que estén piel con piel. Es especialmente reconfortante para los bebés prematuros.

Dar el pecho – Otra manera de decir lactar.

Defecto congénito – Problema de salud del bebé que ocurre antes o durante el nacimiento. Puede tener efectos duraderos.

Defectos genéticos – Problemas de salud que son heredados de los padres por los niños y los nietos a través de la materia genética en las células.

Desarrollo – Las maneras en las cuales la mente del bebé aprende y el cuerpo crece y cambia.

Descarga – El descender del bebé hacia la pelvis antes que comience el parto.

Descargar – El descender del bebé hacia la pelvis antes que comience el parto.

Diabetes gestacional – Un tipo de diabetes que ocurre durante el embarazo y puede causar problemas para la madre y el bebé si no se halla o controla.

Diarrea – Defecaciones que son muy blandas y aguadas y son más frecuentes que lo normal.

Digestión – El cambio de tu comida en tu boca, estómago e intestinos para ser usada por tu cuerpo.

Dilatación – Estiramiento y abertura del cuello uterino durante la primera etapa del trabajo de parto.

Doula – Persona entrenada para ayudar durante y después del parto.

Drogas – Muchos tipos de cosas que afectan a tu cuerpo y tus sentimientos, tales como medicamentos o sustancias como el alcohol, el tabaco o las drogas ilícitas.

Embarazo – Los nueve meses que una mujer tiene un bebé creciendo dentro de su útero.

Embarazo múltiple – Gemelos, trillizos o más bebés que nacen al mismo tiempo.

Embrión – Palabra usada para un pequeño bebé por nacer durante las primeras ocho semanas de su crecimiento.

Encaje – El descenso (descargar) del útero hacia la pelvis antes del parto.

Enfermedad de transmisión sexual (venérea) – Una enfermedad que se transmite de una persona a otra cuando tienen relaciones sexuales.

Enfermera partera – Una enfermera con entrenamiento especial para ayudar a parir los bebés.

Enfermera partera certificada – Una enfermera que ayuda a parir a los bebés y que ha sido entrenada especialmente como partera y que ha aprobado una examen a nivel nacional.

Enfermera practicante – Una enfermera con entrenamiento especial para llevar a cabo algunos aspectos del cuidado médico y que trabaja con un médico.

Envolver – Envolver a un bebé recién nacido apretadamente en una cobija liviana para su comodidad.

Episiotomía – Un corte hecho en la piel alrededor de la vagina para ensanchar la abertura y ayudar al bebé a nacer.

Especialista de lactancia – Una enfermera con conocimiento especial acerca de la lactancia.

Estreñimiento – Cuando las defecaciones son muy duras y no ocurren regularmente.

Estreptococo Grupo B (GBS, por sus siglas en inglés) – Un tipo de bacteria (Estreptococo) que puede vivir en la vagina y puede perjudicar seriamente un bebé recién nacido.

Examen de bebé o niño saludable – Visitas médicas regular para los bebés y niños que no están enfermos. Los exámenes cubren salud, desarrollo, inmunizaciones y pruebas diagnósticas.

Examen pélvico – Una manera que tu médico o enfermera partera examinen tu vagina y útero al presionar sobre tu barriga y meter la mano dentro de tu vagina y al mirar dentro de la vagina.

Feto – Palabra usada para el bebé por nacer, desde las 8 semanas hasta el nacimiento alrededor de las 40 semanas.

Fibra – Una sustancia en los alimentos que ayuda a que las defecaciones sean blandas y regulares.

Fontanelas – Áreas blandas en el cráneo de un bebé recién nacido. Éstas se cierran gradualmente a través de muchos meses.

Fórmula – Leche especial para alimentaciones con biberón. Está hecha para ser muy parecida a la leche materna.

Genitales – El pene de un niño o la vulva de una niña.

Ginecólogo-obstetra – Un médico que cuida la salud de las mujeres. Un obstetra se especializa en el cuidado prenatal y los partos de bebés. Un ginecólogo se especializa en la salud del útero de la mujer y sus órganos sexuales.

Hemorroides – Venas en tu ano (abertura donde salen las defecaciones) que se hinchan y pican o son dolorosas.

Hierro – Un mineral en los alimentos que ayuda a tu sangre a llevar oxígeno al cuerpo de tu bebé.

Hipertensión inducida por el embarazo (PIH, por sus siglas en inglés) – Alta presión sanguínea durante el embarazo. Puede resultar en preeclamsia si no se trata,

Hormonas – Sustancias hechas por los órganos en el cuerpo que controlan cómo éste funciona y se siente.

Infección – Una herida o enfermedad que es causada por gérmenes que hacen daño a tu cuerpo.

Ingurgitación – Senos duros y adoloridos cuando están comenzando a producir leche.

Inmunización (vacuna) – Inyección (u otra aplicación) de una vacuna que ayuda al cuerpo a producir anticuerpos para luchar contra una enfermedad.

Lanugo – Cabello suave y corto que crece en el cuerpo de un feto y un bebé recién nacido.

Líquido amniótico – Líquido en el saco amniótico.

Medicamento – Drogas (medicinas) que el médico te receta o que puedes comprar en una farmacia.

Médico o practicante de familia – Un médico que cuida por la salud de las personas de todas las edades.

Médula espinal – El nervio principal en el cuerpo, que pasa a través del centro de la columna vertebral. Ésta conecta al cerebro con el resto del cuerpo.

Monitoreo fetal – Una máquina que dice cómo late el corazón de un bebé por nacer y que se usa para examinar la salud del bebé dentro del útero.

Náuseas matutinas – Nombre del sentimiento de náusea, acompañado frecuentemente de vómitos, durante los primeros meses del embarazo.

Nutriente – Cosas en los alimentos que te mantienen saludable.

Partera – Una persona que ayuda a las mujeres a parir sus bebés. No es un médico.

Parto de nalgas – Nacimiento de un bebé con las nalgas primero.

Parto vaginal – Tipo de parto natural en el cual el bebé pasa a través del cuello uterino y la vagina.

Pediatra – Un médico que cuida la salud de los niños.

Pelvis – Los huesos de tus caderas entre los cuales está el útero. Tu vagina (canal de parto) pasa a través de una abertura ancha en estos huesos.

Perineo – La piel y músculos alrededor de la abertura de la vagina.

Periodo – Una palabríta para el periodo menstrual.

Periodo menstrual – El revestimiento sanguinolento del útero que fluye de la vagina de la mujer cada mes.

Placenta – El órgano que conecta al cuerpo de la madre con el feto, transportando alimentos y oxígeno del cuerpo de la sangre de la madre a la sangre del bebé por nacer.

Planificación familiar – Usar un método de control de natalidad para controlar el número de niños en la familia, y el quedar embarazada cuando una persona o pareja lo desea.

Prematuro – Un bebé que nace temprano, antes de las 37 semanas de gestación (crecimiento en el útero).

Prenatal – Periodo de nueve meses cuando el bebé está creciendo dentro de la madre.

Presión sanguínea – La fuerza de la sangre bombeada por el corazón a través de los vasos sanguíneos de una persona. La hipertensión o alta presión sanguínea significa que el corazón está bombeando muy fuerte.

Programa WIC (Mujeres, Infantes y Niños) – Un programa de nutrición federal que provee alimentos y apoyo educativo para las mujeres embarazadas elegibles y los niños hasta las edades de 5 años.

Proteína – Sustancias en los alimentos que hacen que tu cuerpo crezca bien y trabaje correctamente.

Proveedor de cuidado médico – Una persona entrenada para cuidar de la salud de las personas y sus enfermedades (enfermeras, médico, enfermeras parteras).

Receta – Una orden de tu médico para medicamentos.

Reflejos – Movimientos del cuerpo que ocurren automáticamente.

Reflujo – Ácido del estómago que sube al esófago (el tubo que va desde la boca al estómago).

Saco amniótico – La "bolsa de aguas" dentro de tu útero, en la cual crece el bebé.

Señal de sangre – Una pequeña cantidad de mucosidad y sangre (el "tapón mucoso") que viene de tu cuello uterino antes del comienzo del trabajo de parto.

SIDA – Siglas de Síndrome de Inmunodeficiencia Adquirida, una enfermedad fatal que se transmite de persona a persona, más frecuentemente al tener relaciones sexuales o compartir jeringuillas. Puede transmitirse a un bebé por nacer.

Síndrome de Muerte Súbita Infantil (SIDS, por sus siglas en inglés, o muerte de cuna) – Muerte misteriosa de un bebé durmiente cuando todas las otras causas han sido eliminadas.

Síntomas – Cambios en tu cuerpo o en cómo te sientes (como dolor, picazón o sangrado). Éstos ayudan al médico o la enfermera partera a saber qué problema de salud tienes.

Sistema de apoyo – Las personas en tu vida o comunidad que te ayudan en los momentos de necesidad.

Sistema inmunológico – El sistema del cuerpo que lucha contra las enfermedades produciendo anticuerpos.

Sistema LATCH – Acrónimo para "Lower Anchors and Tethers for Children" (Anclajes Bajos y Correas de Amarre para Niños); un nuevo método de instalar un asiento de auto para niños en un vehículo usando conectores y anclajes especiales en el asiento y en el vehículo.

Tapón mucoso – La masa espesa de material que sella el cuello uterino durante el embarazo.

Trabajo de parto – El trabajo que tu útero hace para abrir el cuello uterino y empujar al bebé hacia el canal de parto.

Trimestre – Un periodo de tres meses. Los nueve meses de embarazo están divididos en tres trimestres.

Ultrasonido – Una herramienta especial usada para ver dentro de tu cuerpo para saber cómo está creciendo tu bebé por nacer. Éste usa una vara redondeada que se mueve sobre tu barriga. Las imágenes se muestran en una pantalla.

Unidad de Cuidado Intensivo para Recién Nacidos (NICU, por sus siglas en inglés) – La guardería del hospital para los infantes prematuros o aquellos con problemas médicos serios

Útero – El vientre, el órgano en el cual crece un bebé por nacer.

Vacuna – Sustancia dada para inmunizar contra enfermedades.

Vagina – La abertura en el cuerpo de la mujer donde sale el flujo menstrual y donde el hombre mete su pene durante las relaciones sexuales. También es el canal de parto a través del cual nace un bebé.

VBAC – Acrónimo de las siglas en inglés de Parto Vaginal Después de Cesárea.

Venas varicosas – Venas azules e hinchadas que pican o duelen y que frecuentemente ocurren en las piernas durante el embarazo.

Vernix – Sustancia blanca-grisácea, parecida al queso, que cubre la piel de un bebé recién nacido.

Vomitar – Devolver el contenido del estómago.

Vulva – Los genitales femeninos alrededor de la abertura de la vagina.

Índice